Albrecht Börner

Die Großfürstin und der Rebell

Albrecht Börner

# Die Großfürstin und der Rebell

Maria Pawlowna und Richard Wagner

Filmerzählung

**quartus-Verlag**

Autor und Verlag danken der
MARIA-PAWLOWNA-BEGEGNUNGSSTÄTTE
Europahaus Schloss Kromsdorf
für die freundliche Unterstützung
bei der Drucklegung.

Die Deutsche Bibliothek – CIP-Einheitsaufnahme
Börner, Albrecht: Die Großfürstin und der Rebell.
Maria Pawlowna und Richard Wagner. Filmerzählung.
Albrecht Börner. – 1. Auflage –
Bucha bei Jena: **quartus-Verlag** 2002
ISBN 3-931505-99-5

1. Auflage

ISBN 3-931505-99-5

© 2002 by **quartus-Verlag**, Bucha bei Jena

Einbandgestaltung: Britta Rost, Maria-Pawlowna-Begegnungs-
stätte, Kromsdorf
Schrift: Garamond
Lithografien, Belichtung, Druck und Bindung:
Gutenberg Druckerei GmbH Weimar

*Das Werk einschließlich aller seiner Teile ist urheberrechtlich geschützt.*
*Jede Verwertung außerhalb der engen Grenzen des Urheberrechts ist*
*ohne schriftliche Zustimmung des Verlages unzulässig und strafbar.*
*Dies gilt insbesondere für Vervielfältigungen, Übersetzungen,*
*Mikroverfilmungen und die digitale Speicherung und Verarbeitung.*

# Geleitworte

೭౧

Thüringen schaut mit Stolz auch heute noch auf die russische Großfürstin, die 1804 mit großem Gefolge und reichem Tross in Weimar Einzug hielt und dort – nicht zuletzt auch von Goethe und Schiller – enthusiastisch begrüßt wurde. Mit Recht! Maria Pawlowna hat an der Seite ihres Gatten Carl Friedrich von Sachsen-Weimar-Eisenach nicht nur für die Linderung sozialer Not und für die Rechte der Frauen gewirkt, sondern vor allem auch für die Förderung der Künste.

Es war ihre Idee, das goldene Zeitalter der Weimarer Klassik (nach Goethes Tod) nicht abrupt enden zu lassen, sondern es hinüber zu führen in ein silbernes Zeitalter der Künste, in dem sie Franz Liszt eine besondere Rolle zugedacht hatte. Sie konnte ihn gewinnen, ihn engagieren – in Weimar und für Weimar. Ein solches Engagement heute in einer Erzählung wieder lebendig werden zu lassen, kann nur dankbar begrüßt werden.

Nach der Begegnung Goethes mit Christiane Vulpius hat der Autor Albrecht Börner erneut eine unerhörte Begebenheit im Thüringer Land in den Mittelpunkt einer seiner Geschichten gestellt: Das Zusammentreffen der regierenden Großfürstin, Tochter und Schwester des Zaren aus dem Hause Romanow mit dem Dresdener Komponisten Richard Wagner, der 1849 als Revolutionär auf den Barrikaden stand. Er hatte seinerzeit fliehen müssen, wurde mit Haftbefehl gesucht und von Liszt in Weimar verborgen.

Solch eine Begebenheit drängt zur Darstellung, drängt wohl auch zum Film, worauf die Genrebezeichnung „Filmerzählung" hinweist. Vielleicht regen Erzählung und Film mit der Erinnerung an eine Persönlichkeit wie Maria Pawlowna in Verbindung mit Franz Liszt und Richard Wagner auch heute zum sozialen Einsatz und zur couragierten Förderung der Kunst an. Auch das ist ein Grund, warum ich das alles mit großer Sympathie begleite.

Mir scheint aber auch ein weiteres in diesem Zusammenhang bedenkenswert zu sein: Maria Pawlowna hat feste Wurzeln geschlagen in Weimar. Sie reichen umso tiefer, je länger sie dort lebte. Und trotzdem hat sie ihre Verbindung mit St. Petersburg, dem Ort, an dem sie zur Welt kam, stets hoch in Ehren gehalten. Die Verknüpfung dieser beiden Städte, so persönlich verkörpert und so herzlich und tief empfunden, sollte auch uns heute Denkanstoß sein.

Ich wünsche diesem Stück bemerkenswerter Thüringer Geschichte und Tradition in Thüringen und über unser Land hinaus Verbreitung und Beachtung.

Erfurt, im Januar 2002

Christine Lieberknecht
Präsidentin des Thüringer Landtags

Die Aufnahme des „Ensembles Klassisches Weimar" in die UNESCO-Liste des Welterbes 1998 wertete die Deutsche UNESCO-Kommission als ein besonderes Ereignis, weil keine andere Stadt mit der deutschen Kultur so eng verknüpft ist wie Weimar. So sind Publikationen, welche bildungstouristische Ziele zum Inhalt haben, die sich auch auf UNESCO-Welterbestätten beziehen, immer von hohem Anspruch.

Es ist deshalb zu begrüßen, wenn mit dem Titel „Die Großfürstin und der Rebell" von Albrecht Börner nicht nur Leistungen von Maria Pawlowna gewürdigt werden, die geistiges und kulturelles Schaffen in ihrer Residenzstadt im Beziehungsgeflecht zwischen Franz Liszt und Richard Wagner betreffen, sondern auch auf solche UNESCO-Welterbestätten aufmerksam machen wie ihr Wohndomizil Stadtschloss Weimar, den Musenhof Tiefurt, wo benachbart das „Weltdorf" Kromsdorf liegt, von dem aus die Maria-Pawlowna-Begegnungsstätte – Europahaus Schloss Kromsdorf gegenwartsbezogen und zukunftsorientiert wirkt.

Hinsichtlich der Würdigung spezifischer kultureller Aktivitäten Maria Pawlownas ist der Filmerzählung von Albrecht Börner zu wünschen, dass auch von dieser Publikation Signale ausgehen, die dem nationalen und internationalen Kulturaustausch dienen.

Prof. Dr. Klaus Hüfner
Präsident
Deutsche UNESCO-Kommission

*Das Winterpalais in Sankt Petersburg, wo Maria Pawlowna aufgewachsen ist.*

Im Rahmen der vielfältigen Möglichkeiten, Wirkungsspuren historischer Persönlichkeiten bildungstheoretisch für die Gegenwart transparent zu machen, darf es als sehr verdienstvoll angesehen werden, dass der Autor Albrecht Börner Kulturspezifisches aus dem Leben und Wirken der russischen Großfürstin Maria Pawlowna, der Gemahlin des Großherzogs Carl Friedrich von Sachsen-Weimar-Eisenach, ausgewählt hat. Der Autor stellt die Beziehung Maria Pawlownas zu dem gefeierten Klaviervirtuosen und Komponisten Franz Liszt und dem nach dem Dresdner Maiaufstand 1849 steckbrieflich gesuchten Richard Wagner dar. Dabei werden in der Erzählung zeitgeschichtliche Ereignisse nicht nur en passant, sondern in absichtsvoller Beiläufigkeit erwähnt, um Handlungsabläufe verständlicher zu machen.

Wenn schließlich der Autor eine Brücke zu dem kleinen Dorf Kromsdorf schlägt, sicherlich nicht nur deshalb, weil dort die Großfürstin Maria Pawlowna ehedem ein Damenstift zur standesgemäßen Versorgung unverehelichter Töchter verdienter Hof- und Staatsdiener einrichten ließ, sondern weil es heute hier die Maria-Pawlowna-Begegnungsstätte gibt. Es ist zu wünschen, dass die Erzählung von Albrecht Börner dazu beitragen möge, Maria-Pawlowna-Erinnerungsstätten in und um Weimar in zunehmendem Maße bildungstouristisch zu erschließen. Diesem Anliegen wäre dienlich, wenn aus der vorliegenden Publikation ein Spielfilm würde, der überall ein breites Publikum erfährt.

*Erich Taubert*

Prof. Dr. habil. Erich Taubert
Arbeitskreis Weimar der deutschen Gesellschaft für die Vereinten Nationen

*Weimarer Stadtschloss von der Ilmseite her mit der großherzoglichen Wohnung, Fotografie von Frank Herzer.*

Er hatte sich alles ganz anders vorgestellt. Als reinigendes Gewitter etwa, das die Hemmungen und Verklemmungen hinwegspült, die seine neue Kunst behindern. Die verknöcherten Bürokraten müssen von ihren Sesseln hochgescheucht und in den Arsch getreten werden, damit aus dem Dresdner Hoftheater ein sächsisches, ein deutsches Nationaltheater wird! Er hatte seinen „Entwurf eines Nationaltheaters des Königreichs Sachsen" beim Direktor des Hoftheaters, von Lüttichenau, eingereicht. Dort vermoderte das Papier. Der König sollte diese arroganten Adligen zum Teufel jagen! Er sollte der erste und allerechteste Republikaner sein! Res publica heißt Volkssache. Und deren Vertretung ist die höchste Pflicht des Königs. So hatte er sich das vorgestellt, so hatte er es verkündet an Stelle seines Konzertmeisters und Freundes August Röckel, der es nicht wagte, vor einem großen Publikum aufzutreten. Er stimmte voll mit ihm überein, dass die Hungernden, Armen, Elenden, Erniedrigten erlöst und in ein menschenwürdiges Dasein erhoben werden müssten. Nur mit zwei Gedanken Röckels konnte er sich nicht anfreunden: Mit der Abschaffung der Ehe und mit der Gleichheit aller arbeitenden Menschen ohne Sonderregelungen für Künstler.

Nun hat es in Dresden gewittert. Erbitterte Kämpfe haben stattgefunden, Tote und Verwundete waren zu beklagen. Die Revolution ist gescheitert. Nun kutschte ein gescheiterter Revolutionär in einem Einspänner, von einem mageren Zossen gezogen, westwärts, in tiefes Nachdenken versunken. Er spürte nichts vom Maiengrün, als er von Winzerla im Saaletal einen Wiesengrund hinauf nach Bucha fuhr, dann weiter nach Göttern auf Weimar zu. In Chemnitz hatten ihm Freunde den Steckbrief der Dresdner Polizei-Deputation gezeigt, die den Königlichen Capellmeister Richard Wagner „wegen wesentlicher Teilnahme an der in hiesiger Stadt stattgefundenen aufrührerischen Bewegung"

zu verhaften forderte. Er befand sich mit seinem klapprigen Gefährt im Wettlauf mit dieser fatalen Botschaft. Könnte er eher in Weimar sein als das Papier? Würde Franz Liszt ihm weiterhelfen können und wollen? Er besaß die Protektion der einflussreichen Großfürstin Maria Pawlowna. Aber er, Richard Wagner, hat in Dresden nicht nur für die Rechte der Armen gehandelt, er hat auch unter dem Einfluss Michail Alexandrowitsch Bakunins gegen den Zaren und den Zarismus polemisiert. Hat man in Weimar davon gehört? Und wenn ja, wie wird das die Schwester des Zaren aufgenommen haben?
Er hat sich alles ganz anders vorgestellt!

༄

Es stand viel auf dem Spiel. *Sie* musste sich etwas einfallen lassen!
Die Großherzogin Maria Pawlowna von Sachsen-Weimar-Eisenach saß auf einem gepolsterten Stuhl an ihrem Schreibsekretär in einem kostbar ausgestatteten Boudoir im Weimarer Stadtschloss. An der Wand hinter ihr hing ein Gemälde ihrer Großmutter Katharina, das sie in ihrer reichen Ausstattung von St. Petersburg mitgebracht hatte, als sie 1804 mit großem Pomp in das kleine, ländliche Weimar einzog. Man kannte diese thüringische Residenz auch in der Kaiserstadt an der Newa, dank Goethe, Schiller, Wieland, Herder. Maria Pawlowna hielt dieses Bild Katharinas in Ehren, wenn sie auch nie so ganz verstanden hatte, wie Katharina ihren Sohn Paul, Maria Pawlownas Vater, herabgesetzt und gekränkt hatte. Katharina war eine große Frau, eine leidenschaftliche, dazu eine starke Herrscherin. Aber eine Mutter?

*Richard Wagner, Zeichnung von Ernst Benedikt Kietz, 1843.*

Maria Pawlowna mochte dieses kleine Boudoir, aus dem sie hinausblicken konnte auf die Ilm, in den Park im Tal. Katharina war den umgekehrten Weg gegangen wie sie, aus Deutschland nach Russland, von Zerbst nach St. Petersburg, aus dem idyllisch Kleinen ins gigantisch Große. Und sie zeigte sich dieser Größe gewachsen!
Maria Pawlowna war aus St. Petersburg nach Weimar gekommen, aus dem Zentrum der Weltmacht Russland in die arme, politisch ohnmächtige ernestinische Linie des Hauses Wettin, die sich aber immerhin als eine Goldader der Kunst und Kultur erwies. Hier konnte man nicht herrschen, aber glänzen! Und es machte ihr Freude, den hiesigen Goldschatz zu polieren. Sie saß gern in diesem kleinen Raum voller Erinnerungsstücke an St. Petersburg. Manchmal träumte sie, das da unten vorbeifließende Wasser wäre nicht die Ilm, es wäre stolzer, mächtiger dahinströmend, es wäre die Newa. Unvergesslich war ihr das gewaltige Naturschauspiel, wenn im Frühjahr das Eis brach, die riesigen Eisschollen sich krachend unter den Brückenpfeilern durchzwängten. Erinnerung an Macht und Herrschaft! Da war sie stolz, eine Romanow zu sein!
Die Großherzogin von Weimar stand auf und trat ans Fenster. Draußen schien die Sonne, durch die Blätter der Bäume ging ein lauer Wind, das Gras grünte kraftvoll, Blumen blühten, es war ein belebender Frühlingstag, keine Andeutung von Eis und Schnee. Und doch war da ein Hauch aus dem Norden. Maria Pawlowna ging zurück an ihren Schreibsekretär, nahm den Brief wieder auf, den sie nach der ersten Lektüre hatte fallen lassen wie eine heiße Kartoffel. Ihr Bruder Nikolaus hatte ihr geschrieben. Das Oberhaupt der Familie Sayn-Wittgenstein habe sich an ihn gewandt, er solle der Eskapade der Carolyne von Sayn-Wittgenstein mit dem Pianisten und Komponisten Franz Liszt in Weimar ein Ende setzen und die Dame zu ihrem Gemahl nach

*Maria Pawlowna, Ölgemälde von Christiane Henriette Dorothea Westermayr, 1806.*

Russland zurückbeordern. Er halte dieses Verlangen für berechtigt und erwarte von seiner Schwester, dass sie entsprechende Schritte einleite.

Sie kannte ihren Bruder. Er war pingelig in Fragen der Etikette. Da kannte er kein Pardon, genau wie in Fragen der militärischen Disziplin. Widerspruch gegen seine Dispositionen duldete er nicht. Nun war das Schreiben an sie, seine Schwester, zwar keine direkte Anordnung. Jetzt, da sie ein zweites Mal las, wertete sie es als ein Zwischending zwischen Bitte und Anordnung. Aber so oder so – es war widrig!

Da hatte sich Maria Pawlowna seit Jahr und Tag bemüht, diesen strahlenden Stern erster Güte am europäischen Musikhimmel nach Weimar zu ziehen, nun war Liszt da und blieb da, weil er in die russische Fürstin vernarrt war, die, dank ihrer, Maria Pawlownas Hilfe, auf der Altenburg residierte, und nun wollte Nikolaus die Geliebte Liszts zurückschicken zu einem russischen Adligen deutschen Geblüts, von dem sie seit Jahren getrennt lebte? Und damit den Musiker vertreiben, an den sie ihren Traum knüpfte, das goldene Zeitalter der Kunst in Weimar, das mit den Namen Goethe und Schiller verbunden war, mit einem silbernen Zeitalter zu verlängern, das mit dem Namen Franz Liszt repräsentiert würde?

Er war mit Carolyne hierher gekommen, weil er von der Schwester des Zaren Vermittlung und Unterstützung erhoffte bei der Scheidung ihrer Ehe, die nur der Zar vornehmen konnte. Und nun dieses Schreiben aus St. Petersburg! Sie durfte weder ihren Bruder verärgern noch Liszt, sie musste sich etwas einfallen lassen! Es stand viel auf dem Spiel.

※

*Die Altenburg, Aquarell von Karl Hoffmann, 1859.*

Die Altenburg stand wie ein Klotz oberhalb der Straße, die zum Webicht hinaufführte, einem Waldstück auf dem Weg nach Jena, wo die Preußen nach der verlorenen Schlacht gegen Napoleon letzten, zaghaften Widerstand zu leisten versuchten gegen die vorwärtsstürmenden Franzosen. Der massige, abweisende Steinquader bot seit dem Februar 1848 der russischen Fürstin Carolyne von Sayn-Wittgenstein Quartier. Sie wohnte dort zusammen mit dem weltbekannten Klaviervirtuosen Franz Liszt, obwohl der am Anfang seines Aufenthaltes in Weimar zur Bemäntelung ihres Verhältnisses noch das Hotel „Erbprinz" als Adresse angab. Aber die Liaison zwischen der extravagant gekleideten und Zigarre rauchenden Dame aus den Weiten Russlands und dem vergötterten Pianisten aus dem ungarischen Randgebiet war vor den neugierigen Weimarer Moralisten nicht zu verbergen und nicht vor ihrer Häme zu schützen.

Natürlich waren die Liszt-Bonbons und Liszt-Tabatieren, vor allem aber die Weiberaffären des Meisters in Weimar bekannt, und mancher moralisierende Spießer mochte ein Liszt-Bonbon lutschen, während er sich über das Verhältnis zwischen dem König der Klavierspieler und der russischen Fürstin mokierte. War es nur eine flüchtige Liaison oder war es mehr? Den Moralisten war es allemal zu viel. Mancher mochte trotzdem ein paar Handschuhe in der Schublade liegen haben mit dem Konterfei des am liebsten französisch sprechenden Musikers aus dem Kaiserreich Österreich, der nun am weimarischen Hoftheater das deutsche Musikwesen in Gang bringen sollte und wollte.

Das Russentum seiner schrillen Begleiterin stand auf ähnlich schwachen Füßen wie sein Deutschtum oder Ungarntum. Ihr Vater war ein polnischer Magnat gewesen, der ihr ein horrendes Vermögen hinterlassen hatte, einen Grundbesitz allein mit dreißigtausend Leibeigenen, ihre Mutter hingegen war durch Westeuropa vagabundiert. Die auffallende Kleidung war vielleicht der Mutter geschuldet, das Zigarrerauchen und das Vernarrtsein ins Bücherlesen auf alle Fälle dem Vater.

Und nun saß sie an diesem lauen Maientag in einem bequemen Sessel in ihrem Salon in der Altenburg und las. Seit sich ihr Geliebter Franz Liszt vom Solistenpodium ab- und der Theaterinszenierung zugewandt hatte, las sie neben der klassischen und zeitgenössischen Epik und Lyrik zunehmend auch Dramatik, sowohl neue Stücke als auch Betrachtungen zur Aufführung. Und sie reicherte Publikationen ihres Freundes mit einschlägigen Zitaten und Betrachtungen an, schrieb manches für ihn auch selbst. Und das nahm er gern an. Er hatte von klein auf musiziert. Seine Welt war die Klangwelt. Texte waren nicht seine Sache.

Die Tür zum nebenan liegenden Musiksalon war offen. Sie wollte Franz Liszt sehen, wenn er am Klavier saß und in

*Carolyne Prinzessin von Sayn-Wittgenstein und Maria Fürstin von Hohenlohe-Schillingsfürst, geb. Prinzessin von Sayn-Wittgenstein, Fotografie von Louis Held, 1844.*

seiner unnachahmlichen Art spielte. Sie hörte ihn gern spielen, und sie sah ihm auch gern dabei zu. Es bereitete ihr Genuss, wie seine Hände bei Läufen über die Tastatur glitten, dann wieder Stakkatos genau, pointiert setzten. Sein Körper, sein Gesicht gaben den Ausdruck der Musik in einem unverwechselbaren Gestus sichtbar wieder. Es war, als erlebe man die Geburt einer Musik, als entstehe das Stück eben unter seinen Händen. Alles wirkte persönlich, stimmungsgeladen, war eigenwillig und doch kompetente Interpretation einer Komposition, sei es eine eigene oder die eines anderen.

Carolyne von Sayn-Wittgenstein war unsicher bei der Beurteilung der musikalischen Qualitäten und der technischen Feinheiten des Klavierspiels ihres bewunderten Freundes. Aber sie konnte voll und ganz nachempfinden, was ihr ein Pariser Journalist über einen Auftritt Franz Liszts geschildert hatte: „Er kommt auf die Bühne, setzt sich an den Flügel, ganz in seine Aufgabe versunken, gedankenvoll, zitternd im Fieber der Eingebung. Er fährt zerstreut mit der Hand über das Klavier, er prüft das Instrument, er liebkost es, streichelt es zuerst sanft, um sich zu vergewissern, dass es ihn nicht mitten im Rennen im Stich lassen, nicht mitten im Spiel unter seinen Fingern zerbrechen wird. Dann wird er warm, lässt sich hinreißen, tobt darauf los, ohne Gnade. Der Aufschwung ist im Rollen, nun folge ihm, wer kann! Das hingerissene Publikum stampft mit den Füßen, dazwischen einzelne Schreie, die unwillkürlich ausgestoßen werden, flüsternd wird wieder Stille geboten, die wird mühselig hergestellt, bis endlich am Ende des Stückes, auf dem Höhepunkt der Leistung, alles losbricht und der Saal widerhallt von einem einzigen Donner des Beifalls."

Ja, das stimmte, so hatte sie es selbst erlebt, als sie Liszt zum ersten Mal sah, 1847 in Kiew. Dieser nervöse, vor Spannung bebende Künstler hatte sie fasziniert, von der

*Franz Liszt, Fotografie von Frisch & Co, Weimar 1849.*

ersten Minute an. Sie konnte nicht anders, sie musste sich einreihen in die Schar enthusiastischer Verehrerinnen, die dem Meister zuflog. Es war ein Gefühl der Wärme und des Glücks, als sie ihm dann gegenüberstand, als sie ihn einlud auf ihr Gut, als sie merkte, wie sich sein zerstreuter, entspannter Blick plötzlich sammelte, sie anstrahlte und wie er „ja" sagte auf ihre Einladung, die sie mit leichtem Beben in der Stimme vorbrachte. Sie war damals voller Verlangen, diesen Vulkan an Temperament und Leidenschaft nicht nur auf der Bühne zu erleben, sondern auch im Bett. Er musste dieses Verlangen gespürt und erwidert haben.

Von da an hat ihr Leben einen anderen Verlauf genommen. Licht und Klang sind eingezogen, nun hat es Sinn bekommen. Es ging nicht mehr nur darum, ein Vermögen zu erhalten und zu vermehren. Zum ersten Mal sah sie einen höheren Zweck, für den sie ihre Rubel rollen lassen könnte: Für einen Mann, der eine Kunst verkörperte. Beides war ihr wichtig, der Mann und die Kunst! Und auch seine Leitbarkeit, seine Bildungsfähigkeit durch sie. Und noch eines kam hinzu, was man am Anfang in Kiew nicht wissen, kaum ahnen konnte: Eine Seelenverwandtschaft, in der sich ekstatische Extravaganz und religiöse Andacht berührten. Beider Gefühl konnte in beide Richtungen ausschlagen.

Sie war froh, mit Liszt in Weimar zu sein. Frohgestimmt öffnete sie ihre Zigarrenkiste, wählte sorgsam ein Exemplar, schnitt es an, zündete ein langes Streichholz an, setzte die Zigarre in Brand, sog den Rauch genussvoll ein und ließ ihn dann in Kringeln in die Luft steigen. Sie fühlte sich wohl und geborgen in der klotzigen Altenburg. Sie genoss ihren Einfluss auf den Genius.

࿓

Ich muss es ihm sagen, ehe er es von anderer Seite erfährt! Das hämmerte sich Richard Wagner ein, als er durch das alte Bauerndorf Taubach rollte. Es war nicht mehr weit bis Weimar. Er war ja um diese Zeit bei seinem Freunde Franz Liszt angekündigt, um dessen Inszenierung des „Tannhäuser" zu erleben. Die Dresdner Barrikadenkämpfe waren ihm vor der Abreise nur dazwischengekommen, hatten ihn von seinem eigentlichen Vorhaben abgehalten. Aber sie hatten seiner Reise nun den Stempel der Flucht aufgedrückt. Es war bekannt, dass er Dresden im Gefolge der Revolutionsführer Heubner und Bakunin verlassen hatte. Nur durch einen Zufall war er nicht mit ihnen gemeinsam in die Chemnitzer Falle getappt und verhaftet worden. Nur deshalb war er jetzt auf dem Weg nach Weimar, konnte er so tun, als folge er der Einladung seines Weimarer Kollegen im Interesse der Oper. Aber sein Steckbrief war gleichfalls auf dem Wege, auf vielen Wegen, sicher auch auf dem Weg nach Weimar. War er schon dort, bevor er selber ankommt?

War diese Fügung des Schicksals, die ihn in Chemnitz hatte davonkommen lassen, ein Hoffnungszeichen? Irgendwie schien er einen Schutzengel zu haben. Er musste an seinen Studienbeginn in Leipzig denken, als er Duellforderungen der berüchtigten Haudegen an der Universität, ohne kneifen zu müssen, entging, weil den Duellanten immer rechtzeitig ein Missgeschick passierte, das den für ihn aussichtslosen Kampf verhinderte. Es kam ihm damals wie ein Wunder vor. Aber der Studentenkneipe und dem Fechtboden entging er dann durch ein noch ärgeres Laster, durch die Spielsucht. Er zerwühlte sich den Tag über, sich auf jede erdenkliche Weise Geld zu verschaffen, um es am Abend und in der Nacht zu verspielen. Die Leidenschaft wurde durch die Verzweiflung des Spielunglücks bis zum Wahnsinn gesteigert. Eines Tages setzte er die Pension seiner Mutter aufs Spiel – und verlor. In einem verzweifelten letzten Einsatz gewann er den Betrag der Pension zurück. In dem Augenblick fühlte er damals einen Schutzengel neben sich stehend. Er übergab seiner Mutter das Geld und gestand ihr alles, seine Scham überwindend, was in der vorangegangenen Nacht geschehen war. Sie faltete die Hände, dankte Gott für seine Gnade und drückte ihre Zuversicht aus, dass es ihm künftig unmöglich sein werde, in ähnliche Laster zurück zu verfallen. Er konnte von Stund an wirklich den Versuchungen des Glückspiels widerstehen, aber nicht denen des Lebens, schon gar nicht denen der Kunst. Auch Bakunin gewann in Dresden eine Faszination für ihn, er konnte es nicht leugnen. Er lernte ihn bei der Aufführung der neunten Sinfonie von Ludwig van Beethoven 1846 in Dresden kennen, wo er unter den begeisterten Zuhörern war und Wagner anbot, beim zu erwartenden Weltenbrand Arm in Arm mit ihm für die Bewahrung dieser Musik zu kämpfen. Das hatte Wagner imponiert! Er begegnete ihm dann bei August Röckel wieder, empfing ihn bei sich zu Hause, wanderte mit ihm am Elbufer und auf den Elbhöhen entlang. Wagner schwankte zwischen unwillkürlichem Schrecken und unwiderstehlicher Anziehung, als er die Ansichten des massigen, großköpfigen, vollbärtigen Mannes mit seiner hohen Stirn und den hervorstechenden, zupackenden Augen kennen lernte. Im russischen Bauern, dozierte Bakunin, habe sich die natürliche Güte der bedrückten menschlichen Natur am kindlichsten erhalten. Die sei aus ihrer Unterdrückung zu befreien. Dazu seien die Unterdrücker in ihren Schlössern mit Stumpf und Stiel zu verbrennen. Diese zerstörende Kraft in Bewegung zu setzen, sei das einzig würdige Ziel eines vernünftigen Menschen. In seinen Ansichten begegneten sich eine völlig kulturfeindliche Wildheit mit der Forderung des reinsten Ideals der Menschlichkeit. Die Begegnung mit dem fast gleichaltrigen Revolutionär, der Vermögen, Adelstitel und Offizierspatent in Russland zurückgelassen hatte und an den revolutionären Brennpunkten West- und Mitteleuropas herumgeisterte, der in Dresden als Dr. Schwarz auftrat, hatte Wagner sehr beeindruckt. Das gestand er sich ein, als sich sein Gefährt dem Weimarer Ilmpark näherte. Liszt muss ich das sagen! Aber vor allen anderen muss ich es verbergen! Er wird nie die letzte Begegnung mit Bakunin im Freiberger Wohnhaus des Organisators der revolutionären Kämpfe in Dresden, Heubner, vergessen können. Es war, nachdem man Dresden aufgegeben hatte und im Zweifel war, ob nun alles verloren sei. Bevor man weitere Beschlüsse fasste, wollte Heubner von Bakunin wissen, ob eine rote Republik sein politisches Ziel sei. Bakunin erwiderte, er habe kein Schema für eine politische Regierungsform. Den Dresdner Aufstand habe er anfangs nicht ernst genommen, erst als er die Ausstrahlung des edlen und mutigen Beispiels Heubners wahrnehmen konnte, habe er seine Bedenken aufgegeben und sich entschlossen, dem trefflichen Mann tatkräftig zur Seite zu stehen. Er wisse, dass Heubner zur gemäßigten Partei gehöre, über deren politische Zukunft er sich kein Urteil erlaube, weil er die deutschen Verhältnisse zu wenig kenne. Aber Heubners Beispiel habe Leuchtkraft ausgestrahlt. Das allein zähle. Dies schien Heubners Selbstbewusstsein aufzubauen. Dennoch fragte er Bakunin, ob es beim gegenwärtigen Stand der Dinge nicht redlicher sei, die Leute nach Hause statt in einen möglicherweise aussichtslosen Kampf zu schicken. Dem hielt Bakunin in seiner ruhigen und überzeugenden Art entgegen: Den Kampf dürfe aufgeben, wer wolle, nur er, Heubner, nicht. Er habe als erstes Mitglied der provisorischen Regierung zu den Waffen gerufen, man sei diesem Rufe gefolgt, Hunderte hätten ihr Leben geopfert. Jetzt einfach aufzugeben, bedeute, die Opfer zu verraten. „Und wenn wir beide allein übrig bleiben, wir dürfen unseren Platz nicht verlassen! Im Falle einer Niederlage steht unser Leben auf dem Spiel, aber unsere Ehre muss unangetastet bleiben, damit nicht alle Welt bei einem späteren Aufruf in Verzweiflung gerät!" erklärte er mit missionarischem Ton. Heubner bestimmte weiterzumachen. Wagner war bewegt von dieser Szene. Sie war bühnenreif. Die Bühne des Lebens hatte ihn als Zuschauer gehabt. Er war zugleich zum Zeugen geworden, zum Zeitzeugen.

Liszt musste er das bekennen. Aber vor allen anderen musste er es verbergen, tief verschließen in der eigenen Brust. Zuzeiten ist es gefährlich, wenn man zu viel weiß! Mit diesem festen Vorsatz stieg er vor der Altenburg aus seinem wackligen, aber unauffälligen Gefährt. Niemand nahm von seiner Ankunft Notiz. Oder doch?

ಣ

„Sie hat die falschen Freunde", murmelte der Weimarische Staatsminister Christian Bernhard von Watzdorf vor sich hin, als er die Holztreppen des Turmgebäudes im Schloss hinabstapfte, in dem seine Amtsstube lag. Es war der obligatorische Gang zur Audienz beim Großherzog, bei der meist auch die Großherzogin zugegen war. Sie war an den öffentlichen Angelegenheiten nicht nur interessiert, sondern auch in starkem Maße beteiligt. Die Wohlfahrtssachen und die Frauenangelegenheiten lagen ihr am Herzen, aber auch die Ökonomie und die Finanzen, sie mussten ihr schon deshalb angelegen sein, weil sie mit ihrer Privatschatulle an vielen Projekten beteiligt war und diese vermutlich besser gefüllt war als die des Großherzogtums!

Besonders jedoch lagen ihr Kunst und Kultur am Herzen, was Löcher in jedes Staatssäckel riss! Und ein so irrlichternder

*Maria Pawlowna, Lithografie von Leon Alphonse Noel, 1840/45.*

Geist wie dieser Liszt – da jagte eine Wahnsinnsidee die andere! Und eine war teurer als die andere. Und gar diese Wagner-Opern! Da musste die Kapelle verstärkt werden, da genügten die Sänger des eigenen Hauses nicht, da mussten teure Gäste engagiert werden. Da musste eigens ein Bühnenbildner aus Paris beordert werden. Das kostete! Gut, soweit das aus der Privatschatulle der Großfürstin bestritten wurde, da konnte sie machen, was sie wollte. Aber es blieb nie ohne Folgekosten für das Staatssäckel. Und nun waren alle Ausgaben für die Katz! Man konnte doch keine Oper spielen von einem Mann, der wegen revolutionärer Umtriebe steckbrieflich gesucht wurde. Von Watzdorf hat diesem Künstlervolk nie getraut. Dem Liszt nicht und dem Wagner schon gar nicht. Sie kosten viel und taugen nichts. Aber sie hörte ja nicht auf ihn. Sie hatte die falschen Freunde!

Den Steckbrief der Dresdner Polizeipräfektur hatte der Staatsminister oben auf die Dokumente gelegt, die er mit dem Großherzog besprechen musste, zumal er eben noch die Information erhalten hatte, dass Wagner auf der Altenburg eingetroffen war. Ihn beim Intimus der Großherzogin sogleich zu verhaften, hatte er sich denn doch nicht getraut. Maria Pawlowna hatte großen Einfluss auf ihren Mann. Da war Vorsicht geboten.

Watzdorf ging an der Torwache des Schlosseingangs vorbei. Der Posten salutierte. Er quittierte die Ehrerweisung mit einem Kopfnicken, bog in den rechten Flügel des Schlosses ein, stieg die steinerne, bequeme Treppe hinauf und ging durch den Vorraum des fürstlichen Arbeitssalons. Die Türen wurden geöffnet, das Fürstenpaar begrüßte Watzdorf freundlich.

Wenn seine Gemahlin dabei war, saß der Großherzog Carl Friedrich nicht hinter seinem repräsentativen Schreibtisch, sondern neben ihr an einem zierlichen ovalen Tischchen, das am Fenster stand, nahe den Zimmerpflanzen, die sie gern hatte. Sie hatte nicht nur eine Vorliebe für die Kunst und die Künstler, sie liebte auch Pflanzen, insbesondere Blumen, und Carl Friedrich unterstützte sie in allen ihren Vorlieben. Obwohl ihre Ehe einem Kalkül des Hauses Romanow entsprang, ein verwandtschaftliches Netz über Westeuropa zu spannen, was den Ambitionen Carl Augusts von Sachsen-Weimar sehr entgegenkam, war zwischen Maria Pawlowna und Carl Friedrich eine wirkliche, herzliche Liebe entstanden und hatte sich das ganze Leben lang erhalten und bewährt. Davon hatte auch ein amtierender Minister wie Watzdorf auszugehen. Dieser hatte auf dem für ihn bereitstehenden Stuhl Platz genommen, und nach den üblichen Begrüßungsfloskeln fragte Carl Friedrich: „Was gibt's, Watzdorf?"

„Gestern ist der Kompositeur Richard Wagner aus Dresden auf der Altenburg eingetroffen."

„Schön. Wir spielen seinen ‚Tannhäuser' im Theater. Sein Besuch ist Liszts Sache", wollte der Großherzog die Angelegenheit schnell erledigen.

Aber Watzdorf klappte seine Aktenmappe aus edlem Leder auf, nahm den Steckbrief in die Hand und erwiderte: „... wenn nicht zu gleicher Zeit dieses Dossier aus Dresden angelangt wäre!" Er reichte Carl Friedrich das Papier. Maria Pawlowna rückte ein wenig heran, um mitzulesen:

**Steckbrief**

Der unten etwas näher bezeichnete Königl. Capellmeister Richard Wagner von hier ist wegen wesentlicher Theilnahme an in hiesiger Stadt stattgefundenen aufrührerischen Bewegung zur Untersuchung zu ziehen, zur Zeit aber nicht zu erlangen gewesen. Es werden daher alle Polizeibehörden auf denselben aufmerksam gemacht und ersucht, Wagner im Betretungsfalle zu verhaften und davon uns schleunigst Nachricht zu ertheilen.

>Dresden, den 16. Mai 1849
>Die Stadt-Polizei-Deputation
>von Oppell

Wagner ist 37–38 Jahre alt, mittlerer Statur, hat braunes Haar und trägt Brille.

Carl Friedrich ließ das Papier sinken, Maria Pawlowna nahm es ihm aus der Hand, offenbar hatte sie es noch nicht zu Ende gelesen, vielleicht aber brauchte sie auch noch ein wenig Zeit zum Nachdenken. Da lag auf ihrem Schreibtisch das fatale Schreiben ihres Bruders, Liszts Geliebte betreffend. Und nun dieses, seinen Freund Richard Wagner bedrohend! Wenn in beiden Fällen dem Sinn der Schreiber gefolgt würde – dann wäre Liszt weg aus Weimar und ihr Traum eines silbernen Zeitalters, das dem goldenen der Goethezeit folgte, wäre ein für allemal erloschen. Das ging ihr blitzartig durch den Kopf.
Der Großherzog schaute seine Gemahlin forschend an, als auch sie das Dokument aus der Hand gleiten ließ. Er kannte ihre ehrgeizigen Pläne, er wusste, was ihr die Kunst, die Musik, Liszt bedeuteten. Er wusste aber auch, dass man einen solchen Steckbrief nicht einfach ignorieren konnte. Watzdorf nahm das verwaist auf dem Tischchen liegende Schreiben wieder an sich, schaute von einem zur anderen. Es schien den Herrschaften die Sprache verschlagen zu haben. Aber er konnte ihnen das nicht ersparen. Gut, dass er nicht eigenmächtig gehandelt hatte! Die Sprachlosigkeit schien sich Watzdorf ungebührlich auszudehnen. Aber die Fürstin schien Zeit zu brauchen und der feinfühlige Gatte schien sie ihr gewähren zu wollen. Und Watzdorf hütete sich, da als Störenfried zu wirken. Die Zeit musste sein!

Carl Friedrich war es, der dem Schweigen ein Ende setzte. „Dein Schützling Liszt bereitet dir neuerdings nichts als Ärger, meine Liebe. Erst die Querelen wegen seiner Geliebten mit deinem Bruder, nun diese Affäre wegen seines Freundes."

„Dein Vater hatte an Goethe auch nicht nur Vergnügen", blockte Maria Pawlowna die freundlich angebrachte Bemerkung ihres Mannes patziger ab, als angebracht war.

Watzdorf konnte sich nicht verkneifen, das Fazit zu ziehen: „Mit Künstlern gibt es immer Ärger!"

Maria Pawlowna erwiderte mit Souveränität: „Und ohne sie keine würdevolle Feierlichkeit und Erhebung!"

Carl Friedrich versuchte, die etwas verkrampfte Atmosphäre aufzulockern. Er reckte sich in seinem Polsterstuhl ein wenig auf und sagte: „Wenn ich mir Watzdorf so anschaue, spüre ich, was ihm auf der Zunge liegt: Nun haben wir zu dem Liszt auch noch den Wagner am Halse! Stimmt's, Watzdorf?"

„Hoheit können Gedanken lesen."

„Ich kenne meine Pappenheimer!"

Maria Pawlowna erhob sich, ging ein paar Schritte hin und her und sagte dann, zu den beiden Herren gewandt: „Gut, ich werde ihn uns vom Halse schaffen!"

Carl Friedrich: „Wie das?"

Maria Pawlowna: „Auf anständige Weise."

„Ohne deinen Freund Liszt zu verprellen?"

„Mit seiner Hilfe."

„Und ohne deinen Bruder, den Zaren, den Erzfeind alles Revolutionären, zu brüskieren?"

„Auch er wird zufrieden sein."

„Wie soll das geschehen?"

„Lass dich überraschen. Aber eins musst du mir versprechen: Unternimm nichts ohne mich in dieser Sache."

Carl Friedrich erhob sich, umarmte sie kurz und sagte:

„Versprochen."
Er wandte sich seinem Minister zu: „Watzdorf, Sie haben's gehört. Sie unternehmen in dieser Sache nichts ohne meinen ausdrücklichen Befehl!"
„Sehr wohl, gnädiger Herr", sagte Watzdorf und dachte dabei: die falschen Freunde sind mächtiger, als ich vermutete!

༄

„Die Klavierstunde ist heilig. Die hat er noch nie versäumt, und die hat sie noch nie ausfallen lassen, solange ich hier in Weimar bin."
Carolyne von Sayn-Wittgenstein goss ihrem Gast Richard Wagner Tee ein. Sie betrachtete den skandalumwitterten Komponisten mit neugierigen Augen, nicht ohne Eifersucht. Irgendwie regte sich in ihr eine merkwürdige Abwehr, wenn ihr geliebter Franz von den Vorstellungen oder Proben zum „Tannhäuser" heimkam und schwärmte, wie genial dieser Wagner Text und Musik zu einem Gesamtkunstwerk verbunden habe. Das mache ihm keiner nach. Auch er selber nicht. Das sei die Musik der Zukunft. Sie spürte eine grenzenlose Verehrung für diesen Mann heraus. War das abträglich für Liszts Liebe zu ihr, Carolyne? Sie war viel zu klug, ihn diesen Anflug von Eifersucht spüren zu lassen. Sie war die ganz und gar gastfreundliche, liebenswürdige Hausfrau, sie war auch begierig zu erfahren, was das für ein Mensch war, dem ihr Franz so viel Zuneigung zeigte. Ob seine Kunst, seine Musik so genial und groß war, das konnte sie selbst nicht aus eigenem Urteil bestätigen. Das musste sie ihrem Lebenspartner einfach glauben. Aber war der Mann nicht ein Konkurrent für Franz, einer, der an seinem musikalischen Thron rüt-

telte? Als Pianist war er unangreifbar. Aber als Komponist? Gut, er war anders. Aber sie wollte, dass ihr Franz auch da der Größte ist!

Richard Wagner hatte sich zwei Löffelchen Zucker und etwas Sahne in das dampfende Getränk gegeben. Er rührte um, dabei nachdenklich auf das filigrane silberne Löffelchen schauend. Endlich legte er es aus der Hand, trank aber nicht gleich, er wollte sich nicht die Lippen verbrennen, sah Carolyne in die Augen. Sie nahm diesen Blick auf. Erste Begegnung zweier inkongruenter Seelen, die nur durch eine dritte aufeinander bezogen werden konnten.

„Ist denn die Großherzogin eine so anziehende Künstlerin? Oder ist sie eine bemerkenswerte Frau?"

Was den zweiten der Teil der Frage anbetraf, da war Carolyne ohne Sorge. Wie ihre Großmutter Katharina war sie nicht, die Maria Pawlowna! Und als Künstlerin wollte sie allenfalls von Liszt profitieren.

„Eine Lola Montez ist sie nicht. Sie könnte im Übrigen seine Mutter sein. Mutter – das ist es, was ihr Wesen am besten trifft. Hausmutter und Landesmutter. Das macht den Stolz des Herrscherhauses Romanow erträglich, der unverkennbar in ihr steckt. Sie weiß, dass sie aus dem derzeit mächtigsten Herrscherhaus der Welt kommt."

„Und Liszt scheint das auch zu wissen."

„Er respektiert das auch!"

Wagner empfand diese Bemerkung als eine Anspielung auf sich, auf seinen mangelhaften Respekt vor den Herrscherhäusern, weswegen er nun auf der Flucht war und ihr, Carolyne von Sayn-Wittgenstein, als zweideutiger Gast gelten musste. Er verkniff sich eine Antwort auf diese Anspielung. Eine Pause trat ein in einem Gespräch, das eigentlich noch gar nicht begonnen hatte.

„Sie hatten eine gute Reise nach Weimar?" knüpfte die Hausherrin einen neuen Gesprächsfaden an.

„Die Straßen sind nicht besser als die Kutschen, entsprechend durchgerüttelt kommt der Reisende ans Ziel", fasste sich Wagner kurz.

„Bald wird man auf Straßen und Kutschen verzichten können, wenn die Eisenbahn durchgängig fährt, kommt man viel schneller und bequemer von Dresden nach Weimar."

„Ja, Schnelligkeit, Bequemlichkeit – das sind die neuen Idole der Menschheit."

So kamen die beiden mit ihrer Plauderei in ein unverfängliches Fahrwasser, in dem sie sich fortbewegen konnten, bis Liszt wieder zurückkam – irgendwann. Beide wussten, diese Klavierstunde bei der Großfürstin Maria Pawlowna war kein ordinärer Musikunterricht. Es hing für Wagner eine Frage um Sein oder Nichtsein daran – und für Carolyne von Sayn-Wittgenstein die Frage von Verheiratetsein oder –nichtsein! Da Wagners Schicksal drängender war, würde es wohl zuerst zur Sprache kommen. Und es war wieder so ein kleiner widriger Stachel da, an dem sich die Fürstin verletzen konnte in ihrem Verhältnis zum Freund des Geliebten. Umständehalber kam ihm ein Vorrang zu! Sie hatte Verständnis dafür, aber ein ungutes Gefühl dabei.

ଽ

„Er wird nicht zu retten sein", sagte die Hausherrin zu ihrem Gast.

„Er muss gerettet werden!" erwiderte dieser in seiner temperamentvollen Art.

Franz Liszt war zur gewohnten Klavierstunde ins Weimarer Schloss gekommen, wo er seit seinem Amtsantritt als Hofkapellmeister der leidenschaftlichen Pianistin Maria Pawlowna Woche für Woche Unterricht gab. Die Stunden waren mehr als Etüden und Exerzitien am exzellentesten

*Franz Liszt, Fotografie aus dem Atelier Carl Schenk Jena, um 1846.*

Flügel, den Liszt im weimarischen Großherzogtum kannte. Das Spiel auf diesem Instrument war dem Virtuosen Lust und Verlockung. Schon um mit seiner Kunst vor der Großherzogin brillieren zu können, kam er immer wieder gern in diesen fürstlichen Musiksalon. Diese Stunde, die auch zwei oder drei Stunden dauern konnte, war immer zugleich Gedankenaustausch über Musik, Gott und die Welt. Diesmal hatte Liszt kaum seinen Fuß in den Raum gesetzt, da ging es schon um ihn, der ja für den Maestro auch ein Gott zu sein schien, es ging um Wagner.

„Warum kämpft Ihr so für den Dresdner Barrikadenkämpfer, Liszt?"

Wie sollte er ihr das erklären? Der Musiker hob den Kopf, blickte die adlige Dame an, sie hielt diesem Blick stand. Er wusste nicht, was er sagen sollte. Worte konnten da nichts bewirken. Im Gegenteil, man konnte sich leicht darin verfangen! Es ging schließlich um Musik. Es ging um den Gipfelpunkt der Musik, den er, Franz Liszt, derzeit in diesem kleinen, quecksilbrigen Sachsen erblickte. Wie sollte er das der Großfürstin aus Russland verständlich machen? Aber sie war ja auch Musikantin, keine üble! Es gab nur eine Sprache.

Liszt erhob sich, ging behände die paar Schritte zum Flügel, klappte den Deckel auf, zog den Hocker heran, setzte sich, schaute kurz zur Decke hinauf, und dann begann er zu spielen in seiner hinreißenden Art. Er phantasierte frei und kühn um Melodien aus dem „Fliegenden Holländer", leitete dann gekonnt über in Motive des „Tannhäuser". Maria Pawlowna hatte Liszt schon oft spielen hören. Er hatte ganze Säle in Aufwallung gebracht, er hatte Salons von Enthusiasten in Ekstase versetzt. Man wusste nie, ob einen die brillante Fingerfertigkeit des Meisters mehr bestach oder das Aufdecken feinster Nuancen des Gefühls, die in den Musikstücken verborgen waren.

Maria Pawlowna fühlte die Wogen des Meeres auf sich zurollen und erblickte den Steuermann auf seinem Auslug, von Ängsten geplagt, und sie ahnte den Zauber des Venusberges, spürte die Spannung im Minnesängersaal auf der Wartburg beim Wettstreit der Sänger. Sie spürte vor allem, wie dieser Mann, dieser Liszt, die Musik Wagners in einen Zauber verwandelte, in eine Droge, und sie konnte sich diesem Zauber, diesem Rausch nicht entziehen. In diesem Augenblick war die Fürstin eingefangen vom Geist der Musik.

Unvermittelt endete Liszt sein Spiel. Maria Pawlowna ging auf ihn zu, umarmte ihn wider alle Etikette ganz kurz, aber sehr herzlich. Das war mehr als ein Versprechen! Nun wusste Liszt, dass er auf ihre Hilfe rechnen konnte. Nach kurzem Bedenken sagte Maria Pawlowna: „Sie sollten bald mit Ihrem Gast nach Eisenach fahren, morgen schon."

„Ich habe gewusst, dass Ihr mich versteht, Hoheit! Außerordentliche Menschen muss man nicht mit gewöhnlichem Maßstabe messen."

„Wir wollen versuchen, ihn zu retten."

൙

Das Amtszimmer des Staatsministers von Watzdorf war karg und zweckmäßig eingerichtet. Es herrschte blitzende Sauberkeit und peinliche Ordnung. In den Regalen standen die Folianten wie die Rekruten. Auf dem blank polierten großen Arbeitstisch lagen Schriftstücke aufeinander und nebeneinander, nach welchen Gesichtspunkten, wusste nur der Staatsminister selbst. Der einzige Raumschmuck war ein gerahmter Kunstdruck eines Goetheporträts. Der Geist des großen Amtsvorgängers schwebte noch immer über den Großherzoglichen Ämtern, obgleich der Geheime Rat nie in diesen Räumen amtiert hatte, sondern stets drüben am Frauenplan. Goethe ging nie ein, schon gar nicht auf in der Weimarer Amtswelt. Er nahm nur ein wenig Amt auf in seine eigene Welt, die vor allem Kunst- und Geisteswelt war.

Watzdorf hingegen war Amtmann mit Leib und Seele, doch sah er täglich hinauf zum Geistesheroen, der über seinem Stehpult hing, das gleichfalls, Goethes Vorbild folgend, im Raume stand. Ein „bisschen Amt" konnte einer nur ausüben, wenn ein anderer da war, der das Amt, der den Staat von Grund auf bedachte und sozusagen verkörperte, einer wie er, Watzdorf. Auch sein Sekretär Creutzer war so ein Mann. Sie verstanden sich glänzend.

Beide saßen sich an dem großen Amtstisch auf robusten hölzernen Stühlen gegenüber. Creutzer war für das Innenressort und damit auch für die Polizeiangelegenheiten verantwortlich.

„In der Dresdner Zeitung, die heute morgen eingetroffen ist, habe ich einen Steckbrief über den Dresdner Hofkapellmeister Richard Wagner gelesen. Müssten wir denn nicht dessen Oper ‚Tannhäuser' vom Spielplan nehmen?" fragte Creutzer seinen Kabinettchef. Der Mittvierziger Watzdorf war dem altbewährten Freiherrn von Fritsch vor kurzem nachgefolgt, der noch aus den Zeiten von Carl August übriggeblieben war.

„Wir müssten nicht nur den ‚Tannhäuser' absetzen, sondern auch den Wagner festsetzen, statt ihn auf der Altenburg bei Liszts Dame mitschlampen zu lassen."

„Wagner ist hier in Weimar?"

„Ja!"

„Und kein Steckbrief?"

„Doch!"

„Wo liegt der?"

„Auf dem Tisch des Großherzogs."

„Soll ich Leute hinaufschicken auf die Altenburg?"
„Nein! Solange der Steckbrief auf dem Tisch Carl Friedrichs liegt, machen wir nichts."
„Machen wir nichts?"
„Der Großherzog hat es mir ausdrücklich untersagt."
„Das verstehe ich nicht!"
„Was ist da schwer zu verstehen?"
„Dahinter steckt sie, die Großfürstin."
„An Euch ist ein Talleyrand verloren gegangen, Creutzer!"
Creutzer rückte seine Brille, die auf die Nase gerutscht war, etwas höher und fragte: „Können wir denn da nichts machen, Watzdorf?"
Dieser erwiderte schelmisch: „Wollt Ihr Euch an diesem Wagner für die Scheiben rächen, die Euch Ilmtalbauern und Jenaer Studenten letztes Jahr eingeschmissen haben?"
„In Dresden sind nicht nur Sachen zu Bruch gegangen. Dort sind Menschen gestorben. Viele!"
„Und wie stellt Ihr Euch das vor, ‚etwas machen'?"
Creutzer erhob sich, ging im Raume hin und her. Watzdorf blieb stoisch sitzen, schaute ihm zu, hörte ihm zu.
„Die Großfürstin lässt den Liszt mit seiner Konkubine gewähren in der Altenburg, obwohl ihr das liederliche Verhältnis gegen den Strich geht. Sie lässt ihn auch den Wagner aufnehmen. Das aber ist kein moralisches Manko! Das ist ein Staatsverbrechen. Das kann auch sie nicht auf Dauer tolerieren."
„Bin durchaus Ihrer Meinung, Creutzer. Aber sie scheint das anders zu sehen."
„Dann müssen wir dafür sorgen, dass sie ihre Sicht korrigiert."
„Und wie?"
„Redet mit Sabinin!"
„Ihrem Beichtvater?"
„Er hat großen Einfluss auf sie. Und ist zugleich der Sach-

walter des Hauses Romanow und des Zaren."
„Creutzer, Ihr seid doch der weimarische Talleyrand."
„In Personalunion mit Fouché! Denn nach meinen Informationen befindet sich Sabinin gerade in den Räumen der russisch-orthodoxen Kapelle im Schloss."
„Aber vielleicht weiß ja Sabinin auch, dass Ihr derzeit bei mir seid."
„Ihr solltet ihn nicht warten lassen!"

ଞ୍ଚ

„Das ist eine Überraschung! Herr von Watzdorf in diesen heiligen Hallen!"
„Traut Ihr mir keinen Sinn für's Höhere zu, Herr Sabinin? Haltet Ihr mich für unentrinnbar ins profane Geschäft verstrickt?"
Watzdorf schaute sich um in diesem sakralen Raum, der bei allen Wandteppichen, Ikonen, Weihrauchkesseln, Kerzenständern und vielen anderen kostbaren zeremoniellen Gerätschaften und Gegenständen doch einen etwas provisorischen Eindruck machte. Sabinin bat den Staatsminister mit einer Geste in einen sakristeiartigen kleineren Nebenraum und bot ihm dort einen Stuhl an.
„Niemand ist ohne Inspiration", antwortet der Erzpriester. „Trotzdem nehme ich nicht an, dass es ein meditatives oder kontemplatives Bedürfnis war, das Euch an meine Tür klopfen ließ."
„Ich kam vorbei und hörte Euch hier werken; da dachte ich, es sei angebracht, Euch einen guten Tag zu wünschen, zumal wir uns seit längerer Zeit nicht gesehen haben."
„Ich danke Euch für die freundliche Gesinnung."
Watzdorf betrachtete den Geistlichen aufmerksam, den man eher für einen Gelehrten, einen Universitätsprofessor

halten konnte als für einen Erzpriester. Und das war er ja auch. Er galt als Experte für die nordischen Sprachen, er war aber auch ein Kenner der russischen Literatur und bewährte sich als Mittler zwischen der russischen und der deutschen Wortkunst. So hatte er eine Puschkin-Ausgabe in deutscher Sprache bearbeitet. Sein Bart war sorgfältig frisiert. Er trat in der Öffentlichkeit, selbst bei offiziellen Anlässen, nie im Gewand des Popen auf – darauf legte sowohl Maria Pawlowna als auch der Heilige Synod in St. Petersburg Wert. Sie wollte Diskretion und Stille für ihre Andachten.

Nach einer kleinen Verlegenheitspause setzte Watzdorf schließlich an, zur Sache zu kommen. „Ja, Gesinnung, noch dazu freundliche, das ist ein kostbares Gut in diesen Tagen. Und man freut sich immer, einen Ort zu betreten, wo solcher Geist ungetrübt und sicher anzutreffen ist, wie in Eurem Refugium, Euer Ehrwürden."

Der Pope wusste nicht, worauf der Besucher hinauswollte. Aber er glaubte nicht, dass sein Besuch so rein zufällig war, wie der Minister vorgab. Er wartete ab. Watzdorf wollte etwas von ihm, also musste er die Katze aus dem Sack lassen. Er beobachtete mit Vergnügen, wie sich der sächsische Staatsminister vorantastete an ein Ziel, das er, Sabinin, noch nicht erraten konnte.

Watzdorf setzte wieder an: „Leider wird man heutzutage oft mit Gesinnungen konfrontiert, die höchst unerfreulich und bedenklich sind – gottlob nicht an einem Ort wie diesem. Hier hat der Geist des Aufruhrs zu schweigen!"

„Er hat sich doch in Weimar sehr höflich geäußert, der Geist des Aufruhrs", stellte der Erzpriester fest.

„Ein paar Steine sind schon geflogen."

„In die Fensterscheiben von Staatsministern. Vor dem Herrscherhaus aber haben sie sich devot verneigt, die Herren Aufrührer."

„Das ist ihnen ja auch mit viel Verständnis entgegengekommen – mit zu viel Verständnis!"
„Das hat der Herrschaft nicht geschadet."
„Es ist nicht überall so glimpflich abgegangen wie hier. In Dresden dieser Tage sind Hunderte von Menschen ums Leben gekommen, sind Häuser niedergebrannt, auch das Königliche Opernhaus. Autoritäten haben gewankt, selbst die Häuser Habsburg und Hohenzollern. Nur der Herrscher aller Reußen, der Zar, hat wie ein Fels in der Brandung gestanden. Er war die Stütze des Systems."
„Und er wird es auch bleiben!"
„Das erfordert Prinzipienfestigkeit."
„Habt Ihr daran Zweifel?"
„Bei Zar Nikolaus? – Nein."
„Aber?"
„Bei seiner Schwester bin ich mir nicht so sicher."
„Revolutionäres im Kopf Maria Pawlownas? Kann ich mir nicht vorstellen!"
„Revolutionäres nicht, aber ein Revolutionär."
„Wer?"
„Richard Wagner."
„Ein Musiker! Der Freund ihres vergötterten Franz Liszt", stellt Sabinin erleichtert fest.
„Prinzipientreue muss sich gerade in solchen Fällen erweisen. Da haben persönliche Vorlieben zurückzustehen."
„So sprechen die Techniker der Macht. Da muss alles, auch der Mensch funktionieren im System."
„Muss es doch auch, oder?"
„Im Prinzip ja. Aber ich bin Pope, ich habe es mit Menschen zu tun und begegne Tag für Tag den Mysterien der Persönlichkeit, all den Besonderheiten und Wunderlichkeiten, die den Einzelnen kennzeichnen und auch auszeichnen. Und nun dieser Liszt, geboren im Jahr des großen Kometen, sogar als der Stern am Himmel zu sehen war.

Ein Wunderknabe, der seinerseits wie ein Komet am Himmel der Musikwelt aufstieg und heute als Stern erster Güte glänzt, und der nun in diesem Wagner ein musikalisches Himmelslicht der Zukunft wittert. Da gibt es keine Logik, da gibt es nur Wunderliches und Wunderbares. Aber das Göttliche – was wäre es ohne das Wunderbare? Und die Kirche, was wäre sie ohne Musik?"

„Für den Himmel mag es taugen, das Wunderbare. Aber im Irdischen sollte doch alles seine Ordnung haben. Da gehören umstürzlerische Geister wie der Wagner hinter Schloss und Riegel. Da sollten Herrscher und Minister einig sein. Könnt Ihr meinen Überlegungen folgen, obwohl sie vernünftig sind, Ehrwürden?"

„Gewiss doch, Herr Staatsminister. Im Prinzip habt Ihr recht. Auch eine Großfürstin steht für das Prinzip. Nur solltet Ihr Euch nicht wundern, falls sie sich nicht unterordnet, sondern sich darüber stellt. Trotzdem will ich Euch den Gefallen tun, meiner Mandantin den Blick zu schärfen für die prinzipiellen Erfordernisse, allerdings ohne ihre persönliche Entscheidungsfreiheit einzuschränken."

„Ich danke Euch für Euer großzügiges Entgegenkommen, Ehrwürden."

„Versprechen kann ich Euch nichts, Exzellenz. Es ist nur ein Versuch!"

„Das ist schon sehr viel."

ଙ

Sie hat immer ein offenes Ohr für mich, sagte sich Sabinin, als ihm Maria Pawlowna in der provisorischen Sakristei gegenübersaß, nicht nur ein offenes Ohr, auch ein offenes Herz – und eine offene Schatulle! Die Armen, die Frauen, die Künstler und die Kirche konnten auf Maria Pawlowna zählen. In Weimar würde es die russisch-orthodoxe Kirche ohne die Großherzogin gar nicht geben. Nur ihretwegen wurde dieser heilige Ort im Schloss eingerichtet. Nur ihretwegen war er, Sabinin, hier. Es war sein Auftrag, diesen Leuchtturm des Hauses Romanow mitten in Deutschland zu warten und zu pflegen. Er war nicht nur Abgesandter des Heiligen Synods, sondern auch des Zaren. Er war nicht nur der Mann der Kirche, er war zugleich der Repräsentant Russlands! Es war seines Amtes, mit der Großfürstin zu reden. Der Minister Watzdorf hat schon gewusst, weshalb er sich an ihn, den Beichtvater, den Kirchenmann, gewandt hat. Es war eine Gewissensfrage, wie man mit Revolutionären umgeht. Dafür war er zuständig. Aber sie war die Herrin. Er war nur der Ministrant, der dienstbare Geist. Aber Herrin und Diener waren doch auf ein großes Ganzes bezogen und orientiert auf Herrschaft. Bisher ging es in ihrem Gespräch um Kleinigkeiten, Kerzen, Leuchter, Weihrauch, Tischdecken und sonstigen Bedarf für die Liturgie, wie sollte er nun aufs Große und Ganze kommen? Und von dort dann wieder aufs Besondere, auf den Besonderen, auf Wagner? Wie prinzipientreu muss Herrschaft ausgeübt werden? Welche Abweichungen darf man tolerieren?

Sabinin fand keinen eleganten Zugang zu der heiklen Thematik. Er bereute schon, dass er dem Minister diese Mission nicht rundheraus abgeschlagen hatte. Was blieb, war der direkte Weg. Nach einem Räuspern begann er mit fester Stimme: „Der Minister von Watzdorf ist bei mir gewesen."

„Watzdorf? Bei Ihnen? Was wollte er?"

„Er gab sich den Anschein, als komme er zufällig hier vorbei und wolle sich bei der Gelegenheit nach meinem Befinden erkundigen. Aber was dann herauskam, hatte doch eher den Anschein, als verfolge der Minister eine Mission."

„Eine Mission? Watzdorf?"

„Er machte sich Sorgen, ob Ihr die Grundsätze der Herrschaft mit genügend Festigkeit vertretet und ob nicht die Interessen Russlands und des Zaren verletzt würden."
„Was erlaubt sich dieser Mann! Er kommentiert und kritisiert Gedanken, die ich nicht einmal zu Ende gedacht, geschweige denn ausgesprochen habe!"
Sabinin betrachtete die Zornaufwallung der Großherzogin mit einem Lächeln und bemerkte nicht ohne Sarkasmus:
„Der Staatsmann hat keinen sehnlicheren Wunsch, als dass in allen Köpfen nichts als die Staatsräson regiert."
„Und wenn er sagt, bei mir regiert sie nicht, ist das Verdächtigung!"
„Gott bewahre. Watzdorf sagt nichts, behauptet nichts. Er deutet an und überlässt es seinem Partner auszudeuten. Im Falle Liszt ist er einer von den braven Weimarer Bürgern. Er reibt sich an den degoutanten Verhältnissen, aber alle können die Reibung nicht entbehren, weil sie's immer wieder juckt. Das Bild des Heiligen, das verehren sie am Sonntag in der Kirche, aber eigentlich leben die Leute von den kleinen Sünden, die ihnen das Gemüt erhitzen. Und die passieren zwischen Mann und Frau. Das Liebesleben ist ihr eigentliches Leben. Den Ehebrecher Liszt kann jeder, auch Watzdorf, tolerieren. Den Barrikadenkämpfer Wagner aber nicht. Da hört für Watzdorf der Spaß auf!"
„Barrikadenkämpfer! Wagner ist für mich eine Musik, die mir das Gemüt wärmt und den Geist anregt. Ich habe dem Mann noch nie ins Auge geschaut."
Sabinin kannte seine Mandantin.
Er konnte sich vorstellen, was in ihr vorging.
„Ihr sucht seine Seele, wollt wissen, wes Geistes Kind er ist."
„Ja, außerordentliche Menschen kann man nicht mit gewöhnlichem Maßstab messen", damit griff sie den Gedanken Liszts auf.

„Ihr habt recht, Hoheit, der Geist des Menschen lässt sich ebenso wenig auf die Staatsräson einengen wie der Geist Gottes. Er ist größer, weiter, dauernder, überraschender."
„Sabinin, Ihr seid ein Mann des Geistes, Ihr versteht mich. Herrschaft kann hier in Weimar doch immer nur Herrschaft des Geistes bedeuten."
„Ihr werdet den rechten Weg finden. – Nur um eines bitte ich Euch – wägt unvoreingenommen ab. Prüft, was für den Mann spricht, aber ebenso, was gegen ihn steht – und dann fällt Euer Urteil. Schließt die Augen nicht vor seinen Fehlern. Tun Sie im Zweifel lieber nichts als etwas Gewagtes!"
„So soll es sein."
Und Sabinin war sicher: So wird es sein! Sie hat immer ein offenes Ohr für mich.

ಌ

Es war sehr gewagt von Franz Liszt, seinen Freund Richard Wagner zur Probe des „Tannhäuser" einzuladen. Und es war nicht minder riskant für den Komponisten, auch zu kommen. Aber die Neugier war zu groß. Was war aus den großen Intentionen geworden, die er im August vergangenen Jahres mit seinem Freunde verabredet hatte – Besetzung der Rollen, des Orchesters, Bühnendekorationen, Arrangements der Szenen, ihr inneres Tempo, der musikalische Tonus und Rhythmus. Sie beide waren sich damals völlig einig gewesen. Aber haben die Beteiligten umsetzen können, was sie beide wollten? Es ist immer ein spannendes Ereignis, wenn der Autor eines dramatischen Werkes einer Inszenierung gegenübertritt. Was er als reine Geistgeburt in sich getragen und zu Papier gebracht hat, steht nun plötzlich als etwas Leibhaftiges vor ihm, eine Verkörperung von einem anderen Inszenator, in der der Autor nun sich selbst, seinen eigenen Geist sucht. Eine ständige Unruhe ist da im Spiel. Bin ich das? Bin ich das wirklich? Oder ist das eine Trübung meiner Intentionen?

Franz Liszt war mit Wagner unauffällig durch den Hintereingang in das Theater gekommen und hatte seinen Gast diskret in die herrschaftliche Loge geleitet, wo er abgeschirmt sitzen konnte, ohne gleich von allen bemerkt zu werden. Vor allem aber hatte er von der Adelsloge des Hoftheaters, die sich über alle Revolutions- und Liberalisierungswellen hinweg erhalten hatte, den besten Blick und die beste Resonanz. Liszt hatte weder den Direktor des Hoftheaters, von Ziegesar, noch die Mitwirkenden von dem Besucher unterrichtet. Nichtsdestoweniger hatte der erste Oboist, der in Dresden einmal unter Wagner gespielt hatte, diesen in der Loge sofort erkannt, und wie ein Lauffeuer ging es durch das Theater: Wagner ist da! Das war auf doppelte Weise brisant, einmal war Wagners kritischer Geist in Musik und Theater bekannt und gefürchtet. Und dann waren die Ereignisse in Dresden, über die mancherlei Gerüchte im Umlauf waren. Alle spürten: Hier geht etwas Besonderes vor. Niemand hatte das Gefühl, es sei etwas Anstößiges, das sich da ereignet. Die Räson der Künstler war ohnehin nie deckungsgleich mit der Staatsräson, und wie rivalisierend und konkurrierend das Künstlervolk untereinander auch sein mochte – in diesem Punkt waren sich alle einig und hielten zusammen.

Nun war auch allen klar, weshalb die Probendisposition heute anders war als sonst. Es ging heute nicht darum, Schwachstellen auszubügeln, die sich in der letzten Vorstellung gezeigt hatten, nein, es ging darum, die Paradestücke der Inszenierung, die Perlen zu präsentieren, mit denen Liszt vor Wagner glänzen konnte. Darum hob der Maestro heute auch nicht den einfachen Stab aus Holz, sondern den prunkvollen, perlenbesetzten, den er von seiner geliebten Carolyne geschenkt bekommen hatte, als er den ersten Einsatz dirigierte.

Die Ouvertüre erklang und wurde von Anfang bis Ende gespielt. Das kam nach der Premiere sonst nie vor. Das war allein dem Gast geschuldet. Wagner legte den Kopf zurück, schloss die Augen, war ganz Ohr. Ja, Liszt hatte ihn verstanden, er hatte schon im musikalischen Auftakt die dramatische Spannung des großen Vorganges aufgespürt, den Anklang, den Vorklang des Geschehens. Solche Vereinigung im Geistigen – das war Wohlgefühl, das ließ all die Bedrohung, all die Verfolgung, alle Angst versinken. Nahtlos schlossen sich Szenen aus dem Venusberg, schloss sich der Sängerkrieg auf der Wartburg an, und Wagner erkannte mit höchster Befriedigung, dass Liszt das Ganze als einen dramatischen Vorgang angelegt hatte und nicht zu einem Nummernprogramm glänzender Arien hatte verkommen lassen.

In der Rolle der Elisabeth erfreute ihn seine hochbegabte Cousine Klara, deretwegen er schon einmal Ärger mit der Diva Wilhelmine Schröder-Devrient bekommen hatte, die göttlich begabt war, aber auch wie eine Göttin verehrt werden wollte. Er hatte sie immer verehrt, und sie hatte ihn gefördert und unterstützt, obwohl er sich nie in die Schar ihrer Liebhaber eingereiht hatte, ohne die sie nicht leben konnte. Sie war das weibliche Gegenstück zu Franz Liszt – eine brillante öffentliche Erscheinung mit erotischer Ausstrahlung, die das beide auch ausleben mussten. So leichtlebig ist Richard Wagner nie gewesen. Er hatte sich an seine Frau Minna gebunden, und er fühlte sich mit dieser Bindung in der Pflicht, aus der er nicht herauskonnte.

Er war mit dem „Tannhäuser" auf dem Weg zu einer neuen Oper, einem einzigartigen Gesamtkunstwerk, aber er war noch nicht am Ziel. Das merkte er auch in dieser Probe, die sich mehr und mehr zu einer Vorstellung auslebte, zu einer Vorstellung für einen Einzigen, zu einer einzigartigen Vorstellung. Niemand wusste, ob es nicht vielleicht die letzte sein würde. Alle Mitwirkenden fühlten die besondere Herausforderung und brachten ihren Part mit Hingabe, mit Leidenschaft. Liszt spürte, so haben sie noch nie gespielt, er geriet in Feuer. Wagner war hingerissen. Dieser Zauberer Liszt beherrschte nicht nur das Klavier. Er beherrschte auch das Opernensemble, und er hatte das Neue im „Tannhäuser" gefunden, hatte es zum Leben erweckt und präsentierte es ihm nun in einer glanzvollen Manier. Alle erlebten einen jener Gipfelpunkte künstlerischen Geschehens, der einmalig, für die Beteiligten unvergesslich war, von denen aber die Kunstgeschichte keinerlei Notiz nimmt.

Als Franz Liszt den Taktstock sinken ließ, wurde es totenstill im Theater. Alle verharrten wie gebannt auf ihren Plätzen. Dann wandte sich Franz Liszt langsam, ganz langsam um, schaute hinauf zur Fürstenloge, wo Richard Wagner reglos saß, kämpfte er mit Tränen in den Augen? Endlich erwachte er wie aus einem Trance, erhob sich, trat an die Brüstung und verneigte sich vor dem Ensemble, dann klatschte er Beifall, einsam, laut, lange.

Dann, auf Franz Liszts Zeichen, erhoben sich die Musiker, klopften auf ihre Instrumente, die weiblichen Darsteller knicksten, die männlichen verbeugten sich. Es war eine ergreifende Huldigung für den Schöpfer dieser einzigartigen Musik. Das hatte der Komponist noch nie erlebt. Plötzlich kam Leben in den schlanken, kleinen Mann. Wieselflink eilte er hinunter in den Orchesterraum, stürmte auf das Dirigentenpult zu. Franz Liszt kam ihm entgegen und beide umarmten sich unter dem Beifall des Ensembles. Es war eine der anonymen Sternstunden der Kunst. Alle, die sie miterlebt hatten, schwiegen darüber, so, als könnte Nachrede das Ganze entweihen und entwerten. Die Kunst ist nichts ohne ihre erhebenden Stunden.

☙

Richard Wagner vertraute seinem Freunde Franz Liszt ohne Einschränkung. Es blieb ihm in seiner Lage auch nichts anderes übrig. Aber nach dem überwältigenden Probenabend mit dem „Tannhäuser" war etwas wie eine Gläubigkeit in ihm eingezogen, dass es da einen guten Geist gebe, der um ihn waltet, der ihn trägt und der ihn schützt. Es war ihm, als ob nicht nur ein tätiger Freund, sondern auch ein gütiges Schicksal für ihn wirkte. Aber als ihm dann Franz Liszt nach dem Frühstück sagte, er habe seine Kutsche anspannen und Wagners Gepäck einladen lassen, beschlich den Komponisten doch ein Unbehagen. Was hatte das zu bedeuten?

„Wohin diese plötzliche Reise?" wollte er wissen.

„Frag' nicht. Habe Vertrauen."

Das hatte Wagner, aber es blieb auch dieses unbestimmbare und unbezwingbare Kribbeln im Bauch.

Als die beiden Männer in Reisekleidung auf den Hof der Altenburg traten, stand die Kutsche bereit. Zwei kräftige, wohltrainierte Rappen waren angespannt, der Kutscher hielt sie am Zaum. Er öffnete den Verschlag der Kutsche, Liszt und Wagner stiegen ein. Oben am Fenster der Altenburg winkte Carolyne von Sayn-Wittgenstein den beiden zu.

Trotz der nagenden Ungewissheit, was geschehen werde, wurde Wagners Blick angezogen von den feinen Sattlerarbeiten mit ihrem kupfernen Zierrat, von den Kordeln, Quasten und Schnüren, mit denen die Kutsche herausgeputzt war. Es war nicht zu verkennen, das Gefährt und das Gespann gehörten einem vermögenden Mann. Sie gehörten Liszt. Oder der Fürstin von Sayn-Wittgenstein? Sie war vermögender als er. Er schaute hinauf und winkte noch einmal, bevor der Wagen um die Ecke bog, den Hang hinunter, am Schloss vorbei, westwärts.

Liszt schaute Wagner an, wie er dasaß, schaute, lauschte. Er war ein sinnengegenwärtiger Mensch. Nicht nur Auge und Ohr, auch die tastende Hand, vor allem im feinfühligen Gestus des Dirigenten, war ihm wichtig. Er war auch ein Genussmensch, Wohlgeruch und Wohlgeschmack konnten ihn beflügeln. Sein Liebesleben konnte Liszt nicht so richtig einschätzen, ob es so prall und lustvoll war wie sein eigenes? Er war immer der umschwärmte Wunderknabe gewesen und ist es zeitlebens geblieben – wohin er auch kam. Aber bei Wagner schien alles verklausulierter, verbogener, verklemmter zu sein. Vielleicht auch nicht – er wusste es nicht.

Nach einer Weile wortlosen Dahinfahrens sagte Liszt unvermittelt, vielleicht weil ihm die stumme Verbissenheit lästig vorkam: „Jeder Mensch muss den Weg gehen, den ihm sein innerer Kompass weist."

„Weist meiner aus Weimar hinaus?" fragte Wagner lapidar.

„Er weist auf künstlerische Ideale. Das ist deine Himmelsrichtung, lieber Richard. Sperrige Barrikaden solltest du meiden. Unbedingt!"

Wagner wurde hellhörig. Sie hatten, seit er in Weimar war, nie über die Revolution und die Revolutionäre gesprochen. Besonders in Anwesenheit der Fürstin von Sayn-Wittgenstein hatten beide es vermieden, dieses Thema zu berühren. Und dann hatten sie ja auch viele künstlerische Themen zu besprechen. Da war Liszts Weimarer „Tannhäuser"-Inszenierung im Lichte der „Rienzi"-, der „Holländer"-Aufführungen und Wagners eigener Dresdner „Tannhäuser"-Interpretation. Da waren neue Ideen, die Wagner durch den Kopf gingen und die Liszt mächtig interessierten, vor allem Siegfried und der Nibelungenstoff, aber auch Lohengrin und die Meistersinger von Nürnberg. Liszt war fasziniert von dem, was sich da in Wagners Kopf zusammenreimte, und diese Begeisterung des Freundes lockte Wagner zu immer neuen Proben aus seinen Vorhaben.

Und dann war da der Ort in Rede, an dem Wagners Blütenträume reifen und ans Licht der Öffentlichkeit treten könnten. Für Liszt gab es nur einen Platz: Paris. Dort hatte er

seine glänzendsten Erfolge erlebt und seine größten Einnahmen erzielt. Dort lebten seine Kinder. Wagner hingegen hatte dort ein erfolgloses Hungerdasein gefristet, war von Schulden gepeinigt worden, bis er als Hofkapellmeister nach Dresden gerufen worden war. Gewiss, die drängendsten Gläubiger hatte er inzwischen abgefunden. Aber mancher freundlich Geduldige wartete noch immer, hatte sein Geld wohl längst abgeschrieben, aber Wagner war es immer peinlich, solchen Leuten wiederzubegegnen. Auch von Pariser Adressen war die Rede, Giacomo Meyerbeer, Hector Berlioz – allein bei Wagner blieben Hemmungen, wenn von Paris die Rede war. Liszt hingegen sprach noch immer am liebsten französisch. Nun, auf dieser mysteriösen Kutschfahrt spielte Liszt zum ersten Mal auf die Dresdner Barrikaden an, den eigentlichen Grund von Wagners Anwesenheit in Weimar. Wagner atmete tief durch. Konnte er Liszt alles sagen? Er schuldete ihm jedenfalls Ehrlichkeit, Offenheit, musste diplomatisches Taktieren vermeiden. So räumte er ein: „Auf den Dresdner Barrikaden habe ich mich zum ersten Mal in meinem Leben frei, heil und heiter gefühlt. Ich musste nicht lügen und heucheln. Du weißt selbst, das hiesige Kunstgetriebe ist niederträchtig, verfault und todesreif. Es bedarf eines mutigen Schnitters, der den trefflichen Hieb zu führen versteht. Ich habe Bakunin für so einen gehalten. Ich hoffte, dass eine neue Welt entsteht, in der sich meine künstlerischen Träume verwirklichen lassen."
„Eine trügerische Hoffnung!"
„Eine andere hatte ich nicht."
„Solche Ausbrüche sind keine Aufbrüche. Da wirkt kein konstruktiver Geist. Da brechen sich nur gekränkte Gefühle Bahn. Da wird niedergerissen, da wird nichts aufgebaut. Das Elend lässt sich mit Zerstörung von Reichtum nicht beseitigen. Bleibt also bloß die Lust am Vernichten, bloß die ausgelebte Wut, reine Schadenfreude."

Sicher hat Liszt recht, dachte Wagner. aber die Dinge laufen ganz anders. Man ist unzufrieden, andere auch, wenn auch aus anderen Gründen, man reiht sich ein in die Schar der Unzufriedenen. Plötzlich geht es los, der Haufe kommt in Gang, und alle gehen mit.

Nachdenklich, fast ein wenig traumdeuterisch sagte Wagner leise, wie für sich selbst: „Ja, solche Volkswutanfälle haben etwas Dämonisches. Sie machen einen toll! Besinnungslos gerät man in einen Strudel, der einen dahin wirbelt, wohin man gar nicht will. Und wenn man dann wieder zu sich kommt, erkennt und bereut man, dass man im Wirbel nicht bei sich war."

„Solche Stimmungen kenne ich. Das habe ich selbst erlebt. – Aber nur am Klavier!"

„Das ist der Unterschied zwischen Weimar und Dresden", resümierte Wagner mit einem Anflug von Sarkasmus.

Die Kutsche rollte durch das flache Land im Erfurter Becken. Sie hatte das Weimarer Hoheitsgebiet verlassen und war auf preußisches Territorium gelangt. Mit dem Reichsdeputationshauptschluss 1803 war das ehemals kurmainzische Erfurt mit Umgebung an Preußen gefallen und seitdem geblieben. Die Grenzkontrollen waren lax, der Großherzoglich-Weimarische Hofkapellmeister Franz Liszt war bekannt, und man ließ ihn ohne weiteres in den Eisenacher Landesteil durchreisen. Außer dem preußischen musste man ja auch noch Sachsen-Coburg-Gothaisches Territorium passieren. Seit der Eisenbahnbau von Leipzig nach Bebra in Gang war, verloren diese Grenzen an Bedeutung, man setzte sich mehr und mehr darüber hinweg und ließ sozusagen zur Probe auch eine weimarische Kutsche mal anstandslos durchgehen. Man konnte aber gegebenenfalls auch anders!

„Sei froh, dass du jetzt hier bist", knüpfte Liszt an Wagners Bemerkung über Dresden und Weimar an.

„Dass ich bei dir bin, dass du deine schützende Hand über mich hältst, darüber bin ich froh. Ein vertrauenswürdiger, hilfreicher Mensch ist in meiner Lage das Wichtigste. Und dir kann ich vertrauen!"

„Das kannst du, aber sicher kannst du dich auch hier nicht fühlen. Wenn es nach dem Staatsminister von Watzdorf ginge, säßest du jetzt nicht hier neben mir, sondern in einem Gefährt mit sicherem Geleit in Richtung Dresden."

„Vor die Gewehrmündungen preußischer Füsiliere!" kommentierte Wagner bitter.

„Mindestens in das sichere Gewahrsam deines allergnädigsten sächsischen Königs", schränkte Liszt die äußerste Gefahr ein wenig ein. Für Wagner war das kein Trost, und er beharrte auf seiner Vision: „Dann lieber vor die Gewehrmündungen der preußischen Füsiliere. Lieber den kurzen Prozess als das lange Leid."

„Gar kein Prozess! Dein Leben gehört der Musik. Nicht den Gerichten."

ଓ

Mit Überraschungen muss man leben. Besonders in turbulenten Zeiten! Kaum hatte die Lisztsche Kutsche das gothaische Gebiet durchquert und war wieder auf großherzoglich-weimarischen Boden angelangt, wurde sie angehalten.

Der Kutscher sprang vom Bock, sprach mit einem amtlich aussehenden Herrn. Richard Wagner sah sich um. Rechts ragte ein Bergmassiv auf. Die Hörselberge, sagte er sich. Diese sagenumwobene Region, der Wartburg gegenüberliegend, hatte seine Einbildungskraft im „Tannhäuser" mächtig beflügelt. Dort hatte er das Reich der Venus angesiedelt, der Verführerin. Es war die Welt einer bacchantischen, sinnverwirrenden Liebe, die seinen Opernhelden umfängt und für immer fesseln, bannen möchte.

Wagner lief ein Schauer den Rücken hinunter. Was hatte diese Überraschung zu bedeuten? Hier am realen Ort für die Pforte seines kunstvollen Venusberges? Ein Opernkomponist konnte nicht frei sein vom Glauben an die Macht des Schicksals. Der Lebensweg seiner Operngestalt schwankte zwischen irdischen und überirdischen Einflüssen hin und her, anders war für ihn Kunst nicht denkbar. Aber im wirklichen Leben? Konnte auch da das Schicksal walten? Was ging hier vor, am Fuße des Hörselberges, seines Venusberges?

Wagner sah Liszt fragend an. Der zuckte mit den Schultern. Der Amtmann sprach mit dem Kutscher. Schließlich öffnete dieser die Kutschentür und sagte: „Der Kammerherr der Großherzogin Maria Pawlowna hat den Herren Kompositeuren ein dringendes Anliegen zu übermitteln." Liszt fragte den unmittelbar hinter dem Kutscher stehenden Amtmann: „Nun, Herr Kammerherr?"

Der Angeredete deutete eine knappe Verneigung gegen Liszt an, wandte sich dann direkt an Wagner: „Ich habe den Befehl der Frau Großherzogin Maria Pawlowna, den hochverehrten Kompositeur des ‚Tannhäuser' und des ‚Fliegenden Holländer' unverzüglich zu ihr zu bringen."

Richard Wagner schaute den fürstlichen Bediensteten verblüfft an, blickte hilfesuchend zu Liszt, sagte dann verlegen: „Ich kann doch nicht, so verschwitzt und verstaubt wie ich bin, zu einer höfischen Visite gehen!"

Der Kammerherr erwiderte: „Das ist ohne Belang, die Begegnung ist weder offiziell noch formell."

„Weder offiziell noch formell", wiederholte Wagner mechanisch, noch immer etwas ratlos, was das Ganze zu bedeuten hat. Dann fügte er hinzu: „Ja, tatsächlich, Ihre Einladung hat etwas von einem Überfall und einer Wegelagerei!"

Der Kammerherr überhörte die Schärfe in Wagners Erwiderung, ließ aber doch anklingen, dass es sich in diesem Falle nicht um die übliche Form großherzoglicher Einladungen handelte: „Unerhörte Begebenheiten bringen ungewöhnliche Umstände hervor. Es ist gewiss etwas Außerordentliches, wenn eine Kaiserliche Hoheit einen flüchtigen Rebellen empfängt."

Liszt spürte den Dissens zwischen dem misstrauischen Wagner und dem Kammerherrn, dem seine Mission möglicherweise unbillig vorkam und der ein Scheitern nicht ungern in Kauf genommen hätte. Und er wollte, dass Wagner mit Maria Pawlowna zusammenkommt. Deshalb griff er vermittelnd ein.

„Nehmen Sie meinem Freund das Misstrauen nicht übel, Herr Kammerherr. Er hat allen Grund zur Vorsicht."

Dann wandte er sich Wagner zu und sagte: „Eine noble Frau und leidenschaftliche Musikerin wie Maria Pawlowna wird dich nicht in eine Falle locken, lieber Richard. Dafür verbürge ich mich. Du solltest das Pferd besteigen, das man dir hier bereit hält!"

„Ich bin ein schlechter Reiter", versuchte er einen letzten Widerstand.

„Es ist ein gutes und liebes Pferd", zerstreute der Kammerherr die Bedenken.

„Also gut. Wer Wagner heißt, muss etwas wagen", fügte sich der Komponist in das Arrangement, das vermutlich mit Liszts Beteiligung getroffen wurde.

&

„Herrschaft in Weimar ist Rücksichtnahme!" Das sagte der Minister von Watzdorf zu seinem Sekretär Creutzer, als er mit ihm durch den Park an der Ilm spazierte. Sie überquerten die Holzbrücke über das Flüsschen, von der sich seinerzeit im Wertherfieber die junge Hofdame Christiane von Laßberg in den Tod gestürzt hatte und in deren Nähe der Geheime Rat später die folgenreiche Begegnung mit Christiane Vulpius hatte. An Goethes Gartenhaus vorbei, auf das Römische Haus zuwandernd, setzte von Watzdorf Creutzer auseinander, dass die weimarische Staatspolitik immer von Rücksichten bestimmt gewesen sei, auf Preußen, auf Russland, auf Frankreich, auf Altenburg, Coburg-Gotha, Meiningen, auf die albertinischen Vettern in Dresden, aber auch auf Leute wie Goethe, Schiller, Wieland, Herder, neuerdings auf Liszt.

„Und nun sogar schon auf den zugereisten Sachsen Wagner!" merkte Creutzer sarkastisch an.

„Der tönt zwar laut, aber nur im Theater."

„Und eben da muss er weg!"

„Sie wollen den ‚Tannhäuser' absetzen, Creutzer?"

„Können wir ihn denn weiter spielen? Und dann kleben wir neben das ‚Tannhäuser'-Plakat den Steckbrief für den Komponisten."

„Vertrackte Situation!"

„Auch Goethe hat den Fichte damals in Jena geschasst, obwohl ihm nicht ganz wohl war bei der Sache. Geht zum Großherzog, Watzdorf. Macht ihm die Zusammenhänge klar. Er muss etwas tun!"

„Er wird nichts tun, ehe die Großherzogin wieder da ist. Das hat er ihr fest versprochen. Und das hält er. Wir können den ‚Tannhäuser' nicht einfach absetzen."

„Gut, absetzen ist ein administrativer Akt. Das erregt Aufsehen. Aber wer hindert uns, das Stück einfach nicht mehr zu spielen? Wäre das nicht die Lösung?"

„Es hätte die Lösung sein können, wäre da nicht die spektakuläre Probe in Wagners Beisein gewesen. Jetzt sind die Theaterleute Feuer und Flamme. Ein Odium von Verruchtheit spielt um den Autor und sein Werk. Das lockt die Leute an wie das Feuer die Fliegen. Ein Wagner-Stück ist für jede Bühne ein Zuschauermagnet."

„Wer diesen Magneten benutzt, riskiert nicht nur den Skandal und die Ächtung! Er muss auch mit Sanktionen der Großmächte rechnen. Sachsen wird da nicht klein beigeben, und Preußen und Russland werden ihm beistehen. Das müsst Ihr dem Großherzog und vor allem der Großherzogin nahelegen, Watzdorf!"

„Das können sie sich doch selber sagen. Für diesen Text braucht niemand einen Souffleur. Ich frage mich nur, was Maria Pawlowna mit ihrer geheimnisvollen Mauschelei beabsichtigt. Solche Winkelzüge sind doch eigentlich nicht ihr Stil."

„Ewig kann man die Vollstreckung des Fahndungsbefehls nicht hinauszögern! Wir müssen alle Vorkehrungen treffen, um im Zweifelsfall sofort handeln zu können."

„Tun Sie das, Creutzer, aber vorerst tun Sie nichts! Wir müssen Rücksicht nehmen!"

※

Ein herrschaftlicher Reitknecht half Richard Wagner auf einen gesattelten Braunen, der lammfromm still hielt. Dann bestieg er sein Pferd und trabte gemächlich voran, Wagners Pferd folgte dem Vorreiter willig.

Zwangsläufig musste der Komponist wieder an seinen Tannhäuser denken, der sich aus den Verstrickungen in die Venus-Welt losreist. „Wahnsinniger, zieh hin!" ruft ihm die Göttin der Liebe nach. Und sein Opernheld zieht mit dem Bewusstsein von dannen: „Vom Bann werd' ich durch Buß' erlöst."

Und nun befand er, Wagner, sich an dem Ort, an den er seinen Opernhelden gestellt hatte. Auch er mit einem Bann

*Die Wartburg, Lithografie von einem unbekannten Künstler, 1836.*

belegt. Kann auch er vom Bann durch Buße erlöst werden? Oder wird ihn der Fluch des Bannes erdrücken?
Das gleichmäßige, rhythmische Klappern der Pferdehufe wirkte auf Wagner wie Musik. Alles war wie der Auftakt zu einer Melodie, aber alles war unbestimmt, weder Dur noch Moll, weder freudig noch traurig, weder niederdrückend noch aufbegehrend, einfach nur klapp, klapp, klapp, weiter, weiter. Aber wohin?
Einfach hinein nach Eisenach, vorbei an Bürgerhäusern im Fachwerkstil mit Blumenvorgärten, bis es dann steil bergauf ging. Es war der Weg hinauf zur Wartburg. Ein klassischer Weg, ein romantischer Weg. Hier hatte die Volksphantasie das Rosenwunder der Heiligen Elisabeth angesiedelt, als sie den Armen unten in der Stadt Brot bringen wollte, was ihr der Landgraf, ihr Gatte, untersagt hatte. Und als ihr misstrauischer Gebieter kontrollierte – siehe, da waren es Rosen, die sie unter ihrem Umhang verbarg. Aber vielleicht war es ja auch nur ein Hinwegsehen des Gatten

über eine Verfehlung seiner Frau aus Liebe? Das schien Wagner wahrscheinlicher als die Verwandlung von Brot in Blumen. Für eine Oper allerdings wäre der Zauber verlockender. In dieser Sage von der weiblichen Hilfsbereitschaft steckte jedenfalls etwas Trotziges wie Tröstendes, das dem Empfinden nahe lag, das er auf den Dresdner Barrikaden empfunden hatte.

Viel näher lag da allerdings der Geist der Burschenschafter, die anno 1817 hier heraufgezogen sind. Sie haben ähnlich aufmüpfig gedacht wie die Dresdner Barrikadenkämpfer. Über viele von ihnen war der Bannfluch geschleudert worden wie jetzt über ihn, Richard Wagner. Viele haben Jahre und Jahrzehnte in Kasematten geschmachtet. Was wird ihm beschieden sein?

Auch sein Tannhäuser hätte nur über diesen steilen Anstieg hinauf auf die Wartburg gelangen können, wo ihn im Sängersaal der Thüringer Landgraf aufforderte, „durch Liedes Kunst der Liebe Wesen zu ergründen …"

Die Melodien des Sängerwettstreits klangen in ihm auf. Er hatte sie erst wieder gehört auf der einzigartigen Probe in Weimar – was heißt Probe! Eine vollendete Darbietung war es! Vielleicht für lange Zeit die letzte? Die beseligende Musik in ihm brach jäh ab. Man war am Tor der Burg angelangt. Der Reitknecht war aus dem Sattel gesprungen und half Wagner beim Absteigen. Am Tor erwartete ihn ein herrschaftlicher Bediensteter. Er forderte Wagner mit einer Geste auf, ihm zu folgen. Es ging ein Stück gepflasterten Weges hinauf, ein paar Steinstufen hinab, durch eine feste Bohlentür hinein in einen dunklen Flur, eine Treppe hinauf in einen nicht minder dunklen Raum. Aber hier ging Wagner ein Licht auf! Nicht der Sängersaal. Das Lutherstübchen! War das der Hilfsweg? War das der Heilsweg?

Dass ich nicht gleich darauf gekommen bin: Die Verbannung als Rettung! Der besondere Thüringer Umgang mit geächteten Reformatoren. Zuversicht keimte auf in ihm.

Nein, er brauchte keine Angst zu haben. Hier lauerte kein Hinterhalt. Hier spielte sich kein Bubenstück ab.
Der Bedienstete hatte sich zurückgezogen. Er war allein. Hier soll Luther die Bibel ins Deutsche übersetzt haben. Er hat damit eine einheitliche deutsche Schriftsprache geschaffen, es war eine kraftvolle, kernige, bildhafte Ausdrucksweise, die er unserem Denken zugrunde gelegt hat, allen, die sich in deutschen Worten verständlich machen wollen. Es war eine einmalige Leistung, es war eine großartige Errungenschaft.
Und nun stand er an diesem Ort. Wagner spürte in seinem tiefsten Inneren, dass auch er etwas Besonderes, Einmaliges schaffen könnte. Vielleicht könnte er auch in Klausur gehen, um dies zustande zu bringen? Einen Augenblick kokettierte er mit diesem Gedanken. Aber dann wusste er – es geht nicht. Die Umsetzung eines Gedankens in das geschriebene Wort ist etwas anderes als die Umsetzung einer Empfindung in klingendes Spiel. Seine Mission ist nicht die deutsche Sprache, sondern die deutsche Oper!
Acht und Bann – das galt für Luther, und das gilt für ihn. Acht und Bann – das ist ein Spruch. Er aber wartete auf ein Gespräch.

ജ

„Wo ist Ihr Mann?"
Mit dieser bedrohlichen Frage waren fünf finster blickende Herren an Minna Wagner vorbei in die Wohnung in der ersten Etage im Marcolinischen Palais gestürmt. Das hätte Richard Wagners Frau selbst gern gewusst. Aber sie hatte keine Ahnung, ob er seine Absicht, von Chemnitz nach Weimar zu gelangen, hatte verwirklichen können. Die zivilen Fahnder glaubten ihr nicht, dass ihr sein Aufenthaltsort unbekannt sei und behandelten sie als verstockte Komplizin eines Staatsverbrechers.

Sie durchsuchten seinen Schreibtisch, die Regale mit abgelegten Aufzeichnungen und Manuskripten. Es tat Minna Wagner weh, wie sie die vierschrötigen Männer in ihres Mannes geliebte Bibliothek hineingreifen sah. Richard nahm seine Bücher stets liebevoll, schonend, beinahe zärtlich in die Hand. Druckschriften wie Handschriften waren ihm unentbehrliche Zeugnisse des Geistes, die er verehrte. Es tat ihr weh, wenn die Lieblinge des Autors und Komponisten mit rohen Händen aus ihrer Ordnung gerissen, unsanft durchgeblättert und meist unwirsch zu Boden geworfen wurden, wobei mancher Einband Schaden nahm. Am Boden landeten auch die Notizen zum Nibelungenstoff, wobei einer der Rechercheure den Verdacht hatte, dass „Siegfrieds Tod" einen Attentatsplan enthalten könnte. Als er keinen Anhaltspunkt für einen Anschlag entdecken konnte, pfefferte er die Blätter in eine Ecke. Beschlagnahmt hingegen wurde das Konzept zum Vortrag „Wie verhalten sich republikanische Bestrebungen dem Königtum gegenüber?" Auch das Revolutionsgedicht „Gruß aus Sachsen an die Wiener" wurde konfisziert. Besonders interessant waren für die Schnüffler die Manuskripte für August Röckels „Volksblatt", die Richard Wagner für seinen Kollegen und Freund redigiert und ediert hatte, als der aus politischen Gründen Dresden verlassen musste. „Wer so etwas redigiert und publiziert, begeht Hochverrat!" war das Verdikt des Anführers der Geheimpolizisten. „Den Röckel haben wir, und den Wagner kriegen wir. Darauf geb' ich Ihnen Brief und Siegel!" sagte der königliche Amtmann, als er mit seiner Truppe nach Stunden abzog, eine große Kiste beschlagnahmter Schriften mitschleppend.

Besonders eingehend hatten sich die Ermittler erkundigt, wo Wagner die Waffen versteckt habe. Minna protestierte energisch. Ihr Mann habe nie etwas mit Waffen im Sinn gehabt, er habe nie eine besessen. Er habe von der Frau des Sängers Tichatschek die Herausgabe von Jagdgewehren verlangt. Davon wisse sie nichts, hatte Minna wahrheitsgemäß geantwortet, was ihr aber keiner glaubte. „Wir sind mit Ihnen noch nicht am Ende!" sagten sie, als sie endlich abzogen.

Minna Wagner hatte Tage zu tun, das angerichtete Chaos zu entwirren und wieder einigermaßen Ordnung in die Bibliothek und die Schriften ihres Mannes zu bringen.

Aber auch als sie wieder aufgeräumt hatte, kam ihr alles fremd und feindlich vor. Oft setzte sie sich auf den Hocker am Flügel, auf dem Richard so manche Stunde zugebracht hatte, an seinen Akkorden bastelnd. Er wirkte dann oft, als wäre er ganz weit weg, wenn er ins Reich der Phantasie enteilt war. Aber jetzt war er wirklich weg. Und nun war die Wohnung leer, ohne ihn. Es war seine Wohnung, von seinem Geist und seinen Vorlieben geprägt. Sie fühlte sich darin nur als Zubehör. Auf dem Hocker vor dem Flügel kam sie sich völlig deplatziert vor. Da waren ihr die Schlaggeräusche des Bildhauers Hänel im Parterre des Hauses sehr willkommen, die ihren Mann oft gestört und in Rage gebracht hatten. Gehämmer und Gesang – das passte nicht zusammen.

Eines Tages, als Minna in die Stadt zum Einkaufen gehen wollte, öffnete sich unten im Parterre die Tür, und Hänel in seiner schüchternen, fast ängstlichen Art kam heraus, spähte nach rechts und links und forderte sie dann auf: „Frau Wagner, darf ich Sie für einen Augenblick hereinbitten?"

Sie wunderte sich. Seit Richard weg war, hatte er jede Begegnung mit ihr vermieden. Er hatte im Gegensatz zu seinen Kollegen Rietschel und Semper die revolutionären Vorgänge in Dresden völlig ignoriert. Er hatte keinerlei Sympathie gezeigt, auch nichts dagegen zum Ausdruck gebracht und nichts bekundet. Er hatte sich in seine Wohnung und sein Atelier zurückgezogen wie der Fuchs in seinen Bau, wenn Gefahr droht. Eine ständige Angst bestimmte sein Leben. Und es mochte ihn auch große Überwindung gekostet haben, sie in sein großes Foyer zu bitten, in dem vom rohen Granitblock bis zur fertig herausgehauenen Putte eine ganze Phalanx von steinernen Gestalten herumstand. Eine staubige Patina lag über dieser steinernen Welt. Hänel bot ihr einen Platz auf einem Stuhl an. Er setzte sich ihr gegenüber auf einen hölzernen Hocker und sah sie an, als habe er mit einer Verlegenheit zu kämpfen. Endlich sagte er: „Ich habe Post bekommen."

Minna wusste nicht, was sie mit dieser Aussage anfangen sollte. Er sah es ihr an und fügte hinzu: „Aus Weimar."

Minna erwiderte mechanisch: „Ja und?" Was ging es sie an, was Hänel für Post bekam.

„Der Weimarische Hofkapellmeister Franz Liszt hat an mich geschrieben."

„Schön für Sie."

„Nein, für Sie, Frau Wagner!"

„Für mich?" fragte Minna erstaunt.

„Ja, der Brief enthielt eigentlich eine Botschaft Ihres Mannes an Sie."

„Warum schreibt er mir nicht selbst, sondern lässt Liszt an Sie schreiben?"

Hänel stand auf, ging ein paar Schritte hin und her.

„Können Sie sich das nicht denken – nach dem Besuch der Herren aus dem Königlichen Polizeiamt? Ihr Mann ist weniger sorglos als Sie. Wahrscheinlich weiß er auch besser, was er zu verbergen hat!"

Minna spürte Vorwürfe hinter dieser Bemerkung, Abneigung. Es trat eine Pause ein. Aber dann obsiegte in ihr der Drang zu erfahren, was Liszt geschrieben hatte, ihren Mann betreffend.

„Kann ich den Brief lesen?"

„Nein!" erwiderte Hänel entschieden.
„Nein? Obwohl die Botschaft eigentlich für mich bestimmt ist?"
„Als die Haussuchung bei Ihnen begann, habe ich das Schreiben verbrannt."
„Verbrannt?"
„Ja, es hätte nicht nur Sie, es hätte auch mich kompromittiert."
Minna nahm das stumm zur Kenntnis. Wie hatte sie auf diese Botschaft gewartet! Wie hätte sie jedes Wort umgewendet, um die Lebensumstände und die Schicksalswendungen ihres Mannes herauszukitzeln und um die Folgen für sich selbst hier in Dresden zu erspüren. Nun hatte dieser feige untertänige Mensch Hänel das Dokument einfach verbrannt! Da war ihr Richard doch aus einem anderen Holze, wenn sie ihm seinen Leichtsinn auch immer wieder vorhalten musste. Während der Kämpfe auf den Turm der Kreuzkirche zu klettern und stundenlang auf diesem Beobachtungsposten auszuharren unter dem ständigen Hagel preußischer Gewehrkugeln! Das war mehr als kühn, das war tollkühn! Aber so war er, ihr Mann. Sie hatte deswegen schon oft Streit mit ihm gehabt. Wie jämmerlich war dagegen dieser Hänel! Der schien die stummen Vorwürfe Minnas zu spüren und rechtfertigte sein Verhalten:
„Wenn sie auch hier unten gesucht und den Brief gefunden hätten – sie hätten an ein Komplott glauben und mich daran für beteiligt halten müssen. Aber ich war an nichts beteiligt, und ich will auch an nichts beteiligt sein! Verstehen Sie mich, Frau Wagner?"
Hänel setzte sich wieder Minna Wagner gegenüber und schaute sie an. Sie hielt dem Verständnis heischenden Blick stand, obwohl sie Hänel nicht verstehen konnte, ihrer eigenen inneren Unruhe wegen nicht. Schließlich fragte sie: „Und was stand drin, in diesem Brief?"

„Ihr Mann befindet sich auf freiem Fuß und hat, so meint Liszt, Aussicht, das auch zu bleiben."
„Wo ist er, wie geht es ihm?"
„Es gehe ihm gut, war zu lesen, aber über seinen Aufenthalt habe ich keine genauere Angabe gefunden. Der Brief kam aus Weimar."
Immerhin, sagte sich Minna Wagner, als sie Hänels Atelier verließ, er hat das Zeichen weitergegeben, ängstlich, ärgerlich, unwillig. Aber er hat die Botschaft nicht einfach nur vernichtet, er hat Minna wissen lassen, dass es sie gab. Es gibt ein Zeichen, also gibt es Hoffnung.

☙

Man müsste den Dresdner Fahndern stecken, dass Wagner in Weimar ist!"
„Das ist nicht Ihr Ernst, Creutzer! Uns sind in dieser Sache die Hände gebunden. Solange die Großherzogin unterwegs ist, müssen wir abwarten", wehrte Watzdorf den Einfall seines Sekretärs ab.
„Natürlich können wir keine amtliche Mitteilung machen. Aber da ist beispielsweise die Familie Hummel, die des verstorbenen Vorgängers von Liszt. Hummels Neffe, August Röckel, war ein enger Vertrauter von Richard Wagner. Ich glaube, sie waren sogar befreundet. Röckel ist laut Zeitungsberichten bereits verhaftet worden."
„Worauf wollen Sie hinaus, Creutzer?"
„Wenn nun ein Verwandter Hummels der Frau seines Neffen mitteilte, dessen Freund Wagner habe sich hier in Weimar nach ihm erkundigt?"
„Röckels Post wird natürlich überwacht, die Fahnder fangen den Brief ab und wissen Bescheid. Raffiniert, Creutzer."
„Es wäre nur eine kleine Nachhilfe, einen brisanten Zu-

stand zu beenden, der Gefahren für das Herzogtum birgt und der auf Dauer ohnehin nicht haltbar ist! Es wäre hilfreich für unsere Herrschaft."
„Nein, Creutzer, es wäre treulos. Wir würden den erklärten Willen unseres Herrscherpaares unterlaufen."
„Wir würden einen gefährlichen Irrtum korrigieren!"
„Wir verstehen zwar den Sinn des Verhaltens nicht, das die Großherzogin zeigt. Aber ob es ein Irrtum ist, können wir auch nicht sagen."
Creutzer stand auf, ging ein paar Schritte zum Fenster, schaute auf die Ilm hinunter, die ruhig dahinfloss.
„Wir wollen dem fatalen Geschehen also seinen Lauf lassen, reglos zusehen, wie die Karre an den Baum fährt?"
„Wir müssen, Creutzer!"
„Wenn man nur wüsste, warum sie alles in der Schwebe hängen lässt, und wie lange das noch dauert!"
„Eine der höchsten Tugenden des Beamten ist die Geduld."
„Trotzdem wüsste ich gern, wie alles weitergeht, und wie es endet."
„Wir werden's erleben. Aber Ihr werdet nicht versuchen, auf den Verlauf Einfluss zu nehmen und das Ende mit Tricks zu beschleunigen. Versprecht mir das, Creutzer!"
„Schweren Herzens – versprochen. Was auch immer geschieht."

∞

„Das ist also der Mann, der als Komponist über alle Maßen entzückt und als Barrikadenkämpfer abgrundtief erschreckt!"
Mit diesen Worten kam die Großherzogin Maria Pawlowna in den kargen, von dunklem Holz geprägten Raum. Hier war der Atem von Geist und Geschichte zu spüren. Er war

eher eine Klause für Andacht und Einkehr als eine Begegnungsstätte. Aber für dieses Zusammentreffen war er wohl gut geeignet. Eine Großfürstin und ein Rebell, eine ältere Dame und ein jüngerer Herr, das war kein Paar, das von Natur füreinander bestimmt ist, das war eine kunstvolle Fügung!
Richard Wagner spürte das Bühnenträchtige der Situation. Und er vermutete, dass sein Freund Franz Liszt der Arrangeur der Szene sei. Die Szene lag fest, aber die Rollen waren frei. Sie war jedenfalls seine Kontrahentin – oder war sie seine Partnerin? Auf alle Fälle war sie Mitspielerin – vorausgesetzt, er spielte auch mit! Aber wie war dieser Part zu spielen?
„Was kann die Schwester des russischen Zaren und regierende deutsche Fürstin reizen, einen derart kompromittierenden Mann zu treffen?" tastete er sich vorsichtig an seine Aufgabe heran.
„Die Neugier", antwortete die Fürstin unumwunden. „Ich wollte wissen, wie ein Verehrungswürdiger so tief ins Bedenkliche sinken kann."
„Verehrungswürdig, bedenklich", sinnierte Wagner.
Maria Pawlowna merkte, dass er mit so unbestimmten Bezeichnungen nichts anzufangen vermochte. Deshalb versuchte sie es anders: „Ich bewundere Eure Oper vom fliegenden Holländer. Da spüre ich die Wogen des Meeres auf mich zurollen. Die Musik lässt mich die Erhebungen und Bedrohungen tief empfinden, denen ein Segelschiff im Sturm ausgesetzt ist. Es ist wie ein Naturereignis. Ich bewundere diese Schöpferkraft. Aber ich verstehe nicht, wie sich ein solcher Magier der Töne den Mordbrennern beigesellen kann, deren Sinn nur auf Zerstörung gerichtet ist."
Wagner überlegte. Was soll er da antworten? Mechanisch ergriff er den Federkiel, der in dem Tintenfass steckte, das auf dem alten Schreibtisch stand. Und er war überrascht, dass tatsächlich Tinte von dem Federkiel tropfte. Er steck-

te ihn schnell zurück in das Fass. Aus Luthers Zeit konnte die Tinte nicht mehr stammen. Es war eine Pseudoechtheit, die man hier vorgaukelte. Aber was die Fürstin ihm vorhielt, war eine harte Nuss. Allerdings wollten die Dresdner Revolutionäre nicht nur zerstören. Was sie für schlecht hielten, ja, damit Platz würde für Besseres. Sie wollten verändern, sie wollten verbessern. Es hatte keinen Sinn, ihr das entgegenzuhalten. Er durfte kein Streitgespräch suchen, er brauchte die helfende Hand! Deshalb erwiderte er vorsichtig: „Es freut mich, dass Ihnen mein ‚Fliegender Holländer' gefällt. Das mächtige, wilde Meer, wie ich es auf einer Schiffspassage von Riga nach London erlebt habe, beflügelte meine Einbildungskraft. So wurde aus der Sage vom ruhelosen Seefahrer eine Oper. Ich bin nur das Organ gewesen, das ein Naturereignis zum Kunsterlebnis umgewandelt hat. Das Kunstwerk wurzelt im Naturereignis, das zum Erlebnis wurde."

„Und der Barrikadenkampf in Dresden kam über Sie wie ein Naturereignis?"

„So kann man es sehen. Ich habe den Sturm des Meeres im Kattegat nicht aufgewühlt, und ich habe den Sturm des Volkes in Dresden nicht angezettelt. Ich bin in beide hineingeraten. Ich hätte in beiden zugrunde gehen können. Aber das musikalische Schöpfertum ist wie eine Glocke, die nur erklingt, wenn sie angeschlagen wird."

Das Bild mit der Glocke fand Maria Pawlowna schön. Ja, der Musiker braucht Anstöße aus dem Leben für seine Klänge. Aber Meeressturm und Volkes Sturm, das waren doch sehr verschiedene Dinge.

„Sie können doch nicht den Sturm des Volkes dem des Meeres gleichsetzen! Bei diesem waren Sie Opfer, bei jenem aber Täter!"

„Täter? Ich habe das Geschehen im Zentrum Dresdens vom Turm der Kreuzkirche aus beobachtet. Das Ganze hat mich einerseits ungeheuer erschreckt. Ich habe nie in

Reih und Glied gestanden, weder in herrschaftlicher noch in revolutionärer Linie. Ich stand im wahrsten Sinne des Wortes darüber. Aber ich gebe zu: Das Unerhörte des Ereignisses hat mich fasziniert."

Ja, das konnte Maria Pawlowna nachempfinden. Es gibt Unerhörtes, das einen erschaudern lässt und doch fasziniert. Auch sie hatte es erlebt. Sie hat nie darüber gesprochen. Sie wird auch nie darüber sprechen. Aber sie ist in ihr, jene schreckliche Nacht, in der ihr Vater Paul starb, keines natürlichen Todes, in der ihr Bruder Alexander seine Nachfolge antrat. Der Vorgang hat sie aufgewühlt. Da sind Welten in sich zusammengestürzt, die göttliche, die moralische, die menschliche, und alles wurde an einem einzigen Anker aufgehängt, an der Staatsräson! Auch das große, bedrückende Schweigen danach. Auch mit Sabinin, ihrem Beichtvater, hat sie nie darüber gesprochen. Aber es war in ihr und kam ihr jetzt in den Sinn. Warum gerade jetzt, da man ihr einerseits zumuten wollte, Unbilliges zu billigen, Unverständliches zu verstehen, Staatsgefährdendes zu tolerieren, andererseits der Staatsräson Geltung zu verschaffen.

Und Sabinin hatte ihr ans Herz gelegt – unvoreingenommen zu urteilen. War das im Lichte solcher Erinnerungen möglich? Sie versuchte, der trübenden Sentimentalität entgegenzuwirken.

„Habt Ihr nicht doch auch den Sturz der Monarchie gefordert, habt Ihr Schafott und Galgen für die gekrönten Häupter verlangt, habt Ihr nicht an den Fundamenten der bestehenden Ordnung gerüttelt?"

Das waren die Fragen der Anklage, spürte Wagner. In Dresden wären das Vorwürfe. Den Tod der gekrönten Häupter hatte er nie verlangt. Im Gegenteil, Hilfe hatte er von ihnen erhofft. Aber an der bestehenden Ordnung hatte er schon kratzen wollen. Aber wie sollte er da jetzt antworten?

„Ich bin kein Mörder und Brandstifter!" fuhr es ihm spontan heraus. „Ich bin auch kein Demagoge," setzte er hinzu und begann dann zu erläutern: „Verschiedene Menschengruppen auf gemeinsame Interessen zu vereinigen und planmäßig handeln zu lassen – das kann ich nur auf der Bühne. Ein Orchester richtig zusammen- und aufzustellen, eine Oper zu arrangieren – das ist meine Sache. Was da verbessert werden muss, weiß ich. Da habe ich Hilfe von unseren Fürsten erhofft, leider vergeblich. Deshalb hat mich natürlich interessiert, ob die Kunst etwas von den Rebellen erwarten könne."
„Könnte sie?"
„Vielleicht. Aber das war nicht das Ausschlaggebende."
„Sondern?"
„Ich stehe auf der Seite der Armen, Elenden, Unterdrückten. Das Mitleid mit ihnen ist der tiefste Grund meines moralischen Wesens und der Quell meiner Kunst. Dafür habe ich bei den Revolutionären viel Zuspruch gefunden. Deshalb war ich in Dresden ihr Sympathisant. Aber den Reichen und Mächtigen lege ich nur zur Last, dass ihr Reichtum und ihre Macht auf dem Elend der Armen beruhen."
„Ihr Mitgefühl für die Armen teile ich. Seit ich in Weimar bin, war ich bestrebt, Armut zu lindern und die Kunst zu fördern. Aber ich konnte da nur etwas bewirken, weil mir der Zarenhof eine stattliche Mitgift zur Verfügung gestellt hatte. Einem Bedürftigen helfen hundert Taler allemal mehr als feurige Reden zur Besserung der Welt, auch mehr als spektakuläre Aufläufe auf Barrikaden. Gegen die Armut und für die Kunst bedarf es vernünftiger Maßregeln und wirklicher Hilfsmittel."
„Wohl dem, der die hat! Aber wer sie nicht hat – was macht der?"

∞

Volkes Stimme ist gnadenlos und ungerecht. Vor Monaten sangen sie Hosianna, und nun schreien sie: Kreuzigt ihn! Gottseidank musste er es nicht anhören – Richard war nicht da. Aber sie war da.

Minna Wagner empfand das jähe Umschlagen im Volke bitter. Vor allem, dass der rächende Geist wie ein Gewitter über Gute wie Böse kam, darin dem revolutionären Geist aufs Haar gleich. Minna Wagner war absolut unbeteiligt an den Dresdner Ereignissen, und sie hatte die Aktivitäten ihres Mannes eher kritisch und skeptisch betrachtet. Aber nun wurde der Gang durch die Dresdner Straßen für sie zum Spießrutenlaufen. Die freundliche Zuwendung der Bekannten hatte sich in eine mürrische, verächtliche Ignoranz verwandelt. Selbst Freunde wechselten die Straßenseite, um einer Begegnung auszuweichen. Sie empfand die Strafe der Verächtlichkeit als ungerecht. Hass stieg in ihr auf gegen die blindwütigen Mitbürger, die jedes Maß vermissen ließen. Aber auch gegen ihn, gegen Richard, der in seiner Verblendung dem Rattenfänger Bakunin nachgelaufen war und sein schönes und sicheres Amt am Hofe aufs Spiel gesetzt hatte. Das war Dummheit! Das war unverantwortlich! Sie hatte das nun auszubaden. Er war ja – gottlob – nicht da. Aber es war auch kaum noch etwas zum Leben da. Und es war niemand da, an den sie sich um Hilfe hätte wenden können. Niemand wollte etwas zu tun haben mit der Frau eines steckbrieflich gesuchten Revolutionärs. Minna ging durch die nachmittäglich belebten Straßen der Dresdner Innenstadt, bitter, verzweifelt. Sie fühlte sich absolut einsam. Selbst die Händler verkauften ihr Brot und Milch nur mürrisch, widerwillig. Kein Wort mehr an die sehr verehrte Frau Hofkapellmeisterin, keine Frage mehr nach dem werten Befinden des Herrn Gemahls ...

Minna war gedankenlos, ziellos dahingetrottet. Auf einmal – sie wusste nicht wie – stand sie vor dem Hause von August Röckel, des Kollegen und Freundes ihres Mannes. Er hatte Wagner mit Bakunin zusammengebracht. Es kam ihr so vor, als habe sie irgend etwas an diesen Ort gezogen, instinktiv, eine magische Kraft.

Röckel war bereits verhaftet, wie Bakunin, Heubner und viele andere. Seine Frau war vermutlich genauso einsam wie sie, war genauso verfemt. Es drängte sie, an die Pforte zu klopfen und dieser Frau die Hand zu drücken – geteiltes Leid ist halbes Leid. Aber etwas hielt sie zurück. Waren nicht Röckel, Bakunin, Heubner die Verführer ihres Mannes gewesen? Waren sie nicht schuld an ihrem – Minnas – Unglück? Hier, in Röckels Haus, hatte Richard Wagner Bakunin kennengelernt. Minna hatte noch deutlich die aufgedunsene, ungepflegte Gestalt des Revolutionärs bei seinem Besuch in ihrer Wohnung vor Augen. Sie hatte sich um eine gepflegte Tafel, schmackhafte Speisen und Getränke bemüht, Bakunin aber flegelte sich auf das Sofa, fraß und soff wie ein Tier, aber führte immer das große Wort, redete alles nieder. Er versuchte, Richard seinen Nibelungenstoff auszureden, war aber merkwürdigerweise für das Jesus-Thema, das ihr Mann eine Zeit lang vage erwogen hatte. Er, der Atheist, ausgerechnet für Jesus! In künstlerischen Fragen hat Wagner nicht auf ihn gehört. Hätte er das mal in revolutionären Dingen auch so gehalten! Aber die feurigen Reden und die faszinierenden Augen des schlampigen Kerls verfehlten ihre Wirkung nicht! Nun war sicher auch für Richard die Ernüchterung gekommen. Minna war sich nicht sicher, ob er es gutheißen würde, wenn sie jetzt neue Bande knüpfen würde zum Hause Röckel. Röckel, das war Bakunin, das war Revolution. Das hat Wagner vor Wochen noch gewollt. Aber will er das jetzt auch noch?

Langsam, zögernd wandte sich Minna zum Gehen. Sie trottete heimwärts, nachdenklich, wehen Herzens, auf vertrauten Wegen an der Elbe entlang, auf ihre Wohnung zu im Marcolinischen Palais. Das Elbewasser floss ruhig dahin, wie immer im Mai. Die Büsche am Ufer grünten, Blumen blühten im Gras. Wie oft war sie diesen Weg gegangen, frohgestimmt, gemeinsam mit ihrem Mann. Die Landschaft, die Natur war wie eh und je, aber ihr Befinden darin hatte sich grundstürzend verändert. Bis jetzt wusste sie nur, was sie in Dresden verloren hatte: ein Leben, in dem sie im Großen und Ganzen glücklich war. Das war vorbei. Was kommt danach? Wie sich Minna auch das Hirn zermarterte, es kam ihr nichts in den Sinn. Volkes Stimme, der ihr Mann ja angeblich auf die Barrikaden gefolgt war, äußerte sich nun feindlich, fürstliche Häscher fahndeten nach ihm. Nur Liszts verbrannter Brief an den Angsthasen Hänel enthielt eine Hoffnung, eine sehr vage.

༄

Das Ende dieses Gesprächs würde ein Spruch sein, das war Richard Wagner klar. Er war sich nicht sicher, wie der Spruch lauten könnte, er wusste auch nicht, ob er schon gefasst und nur noch zu verkünden oder ob alles noch offen war. Noch konnte er alles hoffen, musste er alles fürchten. Er war diesen gespannten Schwebezustand leid. Er wollte endlich klar sehen. Deshalb wollte er eine Entscheidung herbeiführen.
„Kaiserliche Hoheit – Sie haben mich gewiss nicht auf diesen Berg, in diese Burg, in diesen Raum kommen lassen, um über die Hilfsbedürftigkeit der Armen und die Förderwürdigkeit von Künstlern zu plaudern. Worum handelt es sich, dass Sie mich an diesen symbolträchtigen Ort beordert und sich selbst hier herauf bemüht haben?"
„Es handelt sich um Richard Wagner, der des Hochverra-

tes bezichtigt und steckbrieflich von Dresden eingefordert wird", kam sie unumwunden zur Sache. Sie sah dem Komponisten in die Augen. Der hielt ihrem Blick stand, saß reglos auf seinem Holzstuhl ihr gegenüber. Nach einer kleinen Pause fügte sie hinzu: „Und es handelt sich um Franz Liszt, der sich in den Kopf gesetzt hat, den Hochverräter zu retten, weil es eine Sünde wider die Kunst wäre, einen so genialen Komponisten vor die Hunde gehen zu lassen, wie er sich auszudrücken beliebte."

Der erste Satz in seiner Klarheit und Schärfe war Wagner wie ein Messer ins Gemüt gefahren. Der Nachsatz milderte den Schmerz, ohne die Hauptsache aus der Welt zu schaffen. Nach einer weiteren kleinen Pause sagte sie noch: „Ich möchte meinem und Ihrem Freunde gern helfen. Aber ich bin auch den regierenden Fürstenhäusern in Europa verpflichtet, die um ihren Bestand fürchten und für die der Zar, mein Bruder, als Garant steht. Ihr habt Euch nun einmal in die Reihen der Rebellen gestellt und könnt nur mehr als Rebell auftreten, auch wenn Ihr nur eine Oper oder ein Konzert dirigiert."

„Dirigieren muss ich nicht!" fuhr es Wagner spontan heraus. „Komponieren will ich! Das ist meine Sache! Aber davon kann man nicht leben. Nur deshalb habe ich in Dresden dirigiert und die königliche Musik verwaltet."

„Und das werdet Ihr nun nicht mehr können. Nirgendwo in Deutschland."

„Auch in Weimar nicht?"

„Auch in Weimar nicht!"

„Hm."

Wagner war deprimiert, und Maria Pawlowna merkte das. „Was habt Ihr denn gedacht?" wollte sie wissen.

Wagner druckste herum, er schien ein wenig verwirrt. Schließlich sagte er: „Unser Treffpunkt hat mir Mut gemacht und hat mich hoffen lassen."

„Worauf?"

„Auf eine Klause vielleicht, eine stille, in der man Verse machen und Harmonien und Melodien finden kann. Einen rosenverzierten Käfig für den Vogel Wagner."

„Rebellen werden nirgends auf Rosen gebettet! Herrschaft ist ein hartes Geschäft. Sie verlangt große Opfer. Das habe ich schon als junges Mädchen lernen müssen. Opfer auch von ihren Trägern! Die Grundsätze jeder Herrschaft sind unerbittlich. Auch Mitleid oder Freundschaft können sie nicht außer Kraft und Vollzug setzen."

„Was bedeutet das für mich?" fragte Wagner leise.

„Alle werden fragen: Wie gefährlich ist dieser Mann für die bestehende Ordnung?"

„Was soll ich dazu sagen?"

„Was immer Sie sagen – es ist eine Frage des Vertrauens, ob man Ihnen glaubt."

„Vertrauen *Sie* mir?"

„Ich vertraue Liszt – und er vertraut Ihnen."

„Was habe ich also zu erwarten?"

„Einen Vorsprung auf dem Weg ins Exil."

Das war also der Ausweg, der Weg hinaus! Er hatte lange genug draußen gelebt, um Illusionen an ein Exil zu knüpfen. Er hätte sich mit einem bescheidenen Plätzchen hierzulande begnügt, wenn er nur hätte bleiben können. Ein Lutherstübchen wie hier auf der Wartburg – das hätte ihm völlig genügt. Aber nun war das Wort gesprochen. Einwände waren wohl zwecklos.

„Exil, Fremde, Kälte!" murmelte Wagner vor sich hin, und wie abwesend fügte er hinzu: „Kein stilles Nest, kein Zuhause, wo ich meine Kunstgebilde ausbrüten und zur Welt bringen kann, Kopf an Kopf mit meinem Bruder im Geist, Franz Liszt."

„Das ist ein Traum! Eure Rettung werden Paris oder London sein. Ihr müsst unverzüglich dorthin aufbrechen."

„Paris, London, das ist nicht meine Welt!"

„Nicht Eure Welt – es ist Eure Rettung! Versucht, das Beste daraus zu machen: Liszt ist der Europäer in Deutschland, und Wagner kann der Deutsche in Europa werden. Ist das nichts? Erkennt Eure Rolle, und nehmt sie an!"

„Ich will keine Rolle spielen", sträubte sich Wagner weiter. „Ich will arbeiten, ich will Opern schreiben. Alles andere ist vergeudete Zeit. Ich habe keine andere Sehnsucht, als mit meinem Weibe in der Nähe meines Freundes Franz Liszt zu leben. Er weiß, was in mir steckt, und er wird es aus mir herausschlagen."

Maria Pawlowna erwiderte energisch: „Es gibt derzeit nicht wenige Leute, die nur das Gefährliche sehen, das im Rebellen Wagner steckt. Das möchten sie aus ihm herausprügeln im wahrsten Sinne des Wortes. Da ginge dann allerdings das Geniale zugrunde, das Liszt retten möchte."

„Und Sie meinen, das alles zu retten, würde gelingen?"

„Watzdorf hat den Dresdner Steckbrief auf Euren Kopf auf den Schreibtisch des Großherzogs gelegt, und ich habe meinen Mann darum gebeten, ihn dort liegen zu lassen, bis ich aus Eisenach zurück bin. Er hat mir das zugesagt. Bis dahin dürft Ihr hier nicht mehr auffindbar sein."

Wagner resümierte bitter: „Exil als Gunst. Bußgang als Rettung."

„Es könnte aus einer Wagner-Oper stammen!" versuchte Maria Pawlowna ihn ein bisschen aufzuheitern.

„Wer weiß, ob es je noch eine Wagner-Oper geben wird. Auch wenn ich mich nie wieder in politische Affären verstricken lassen werde."

„Das ist vernünftig!"

„Ja, die Dresdner Erlebnisse haben in mir einen Horror vor der Politik erzeugt."

„Das glaube ich Ihnen. Aber der Makel des politischen Revolutionärs haftet Ihnen nun einmal an. Den werden Sie

so leicht nicht los. Für eine neue Glaubwürdigkeit brauchen Sie Geduld. Der Weg zur Gnade geht durch die Buße. Das habt Ihr in Eurem ‚Tannhäuser' selbst vorgezeichnet. Nun müsst Ihr es im eigenen Leben beherzigen."
„Ja, ich habe ihn selbst verhängt, den Spruch, der mein Schicksal besiegelt!"

☙

„Er macht es einem nicht leicht, der liebe Kollege. Genehmigt sich einen Landaufenthalt statt das Weite zu suchen!" Franz Liszt saß auf seinem Klavierschemel, mit dem Rücken gegen den Flügel gelehnt. Kein eben bequemer Sitz, entsprechend der unangenehmen Lage, in die ihn Richard Wagner mit seiner kategorischen Forderung gebracht hatte, Weimar erst zu verlassen, nachdem er von seiner Frau Minna Abschied genommen habe, die man von Dresden herbei beordern müsse.
Diese Bemerkung veranlasste die Frau von Sayn-Wittgenstein, sich aus dem bequemen Sessel zu erheben, in den sie sich – Zigarre rauchend – gefläzt hatte.
„Er ist unverschämt! Du rettest ihn, spannst noch die Großfürstin ein, machst ihm ein Schlupfloch auf. Nun hockt er davor, als ob es ewig offen bleiben könnte. Eines Tages schnappt die Falle zu, und er sitzt drin. Aber auch du hast dir dann die Finger eingeklemmt."
„Na, wenigstens hat er begriffen, dass er hier in der Altenburg nicht bleiben konnte. Als Professor Werder in Magdala wird niemand Anstoß an ihm nehmen."
„Bist du sicher? Die Leute sind misstrauisch in diesen bewegten Zeiten."
„Watzdorf jedenfalls wird davon ausgehen, dass Wagner nach der Aktion der Großherzogin außer Landes ist. Er

wird ihn nicht suchen lassen. Die Entdeckungsgefahr ist also nicht groß."

„Wie das auch immer sei. Jedenfalls hat die Wagner-Affäre die Herzogin abgehalten, sich beim Zaren für meine Scheidung einzusetzen."

„Das kannst du nun nicht meinem Freunde Wagner anlasten, meine Liebe. Du weißt selbst, dass die Familie Sayn-Wittgenstein den Zaren bedrängt. Man hat dich sogar mit polnischen Revolutionären in Verbindung zu bringen versucht. Scheidungsfragen unter Armen sind uninteressant. Unter Reichen aber sind Scheidungen immer heikel. Und du bist sehr reich, meine Liebe. Du bist dank deines Vaters sehr viel reicher als dein Mann. Und da lohnt es sich doch aus dessen Sicht, Schwierigkeiten zu machen, um etwas herauszuholen. In deinem Fall handelt es sich um Geld, bei Wagner handelt es sich ums Leben."

„Deshalb könnte er ein bisschen vorsichtiger zu Werke gehen."

„Er kann überhaupt nicht zu Werke gehen. Er muss still in seinem Magdalaer Versteck hocken bleiben und warten, bis ich ihn in Marsch setze."

„Du willst seine Flucht organisieren?"

„Du weißt doch, wie ungeschickt ich als Organisator bin! Ich habe den Jenaer Professor Oskar Ludwig Bernhard Wolff gebeten, die Sache in die Hand zu nehmen."

„Einen fremden Menschen?"

„Ein vertrauenswürdiger Mann, den ich gut kenne. Auf ihn ist Verlass. Er hat ausgezeichnete Kontakte nach Paris, rät aber von einer direkten Fahrtroute ab, weil die Westwege überwacht werden. Er will eine südliche Umgehung vorbereiten. Bis es soweit ist, wird wohl auch Minna Wagner in Magdala eingetroffen sein. Wolff ist bestens vertraut mit der deutschen Emigrantenszene in der französischen Hauptstadt."

„Ich hoffe um deinetwillen, dass alles klappt. Mir ist er nicht sonderlich sympathisch, der quirlige Kleine. Als Musiker mag er ja seine Qualitäten haben – aber als Mensch?"
„Alle Künstler sind Sonderlinge. Ihre Eigenarten erscheinen als Abarten, als Schrullen, als menschliche Defekte. Daran lässt sich nichts ändern. Das muss man hinnehmen. Und wenn das jemand kann, dann bist du das, meine Liebe!"
Liszt sprang auf von seinem nicht allzu bequemen Sitz und ging mit federnden Schritten auf sie zu, schloss sie in die Arme.
„Auch uns, Schatz, kann man für schrullig halten, findest du nicht?"
Sie lachte hell auf, gab ihm einen Kuss. Für diesen Tag war Richard Wagner als Professor Werder in Magdala verschollen, und die Petersburger Scheidung war von der Weimarer Vereinigung verdrängt.

ಬಿ

„Da liegt er, der Steckbrief", sagte Watzdorf zu seinem Sekretär Creutzer und wies auf das Papier, das er gesondert auf seinen Schreibtisch gelegt hatte.
„Heute morgen ist er uns aus der Kanzlei des Großherzogs zugestellt worden."
„Mit welchem Bescheid?" fragte Creutzer.
„Kommentarlos."
„Hm. – Und was wollen wir nun machen?"
„Das frage ich Sie, Creutzer! Polizeisachen fallen in Ihr Ressort."
„Sie wissen, dass mir die sträfliche Nachlässigkeit des Herrscherhauses sehr gegen den Strich ging, Watzdorf?"
„Das habe ich gut verstanden. Aber da lag das Dossier nicht auf unserem Tisch. Nun liegt es da. Jetzt ist das unser Fall!"

„Nach allem, was war, ist klar: Das Blatt da ist wie eine heiße Kartoffel. Wie wir es auch anfassen – wir werden uns die Finger verbrennen."

„Ich gehe einmal davon aus, dass die Großherzogin nicht vorhat, den Wagner hier zu verbergen. Sie hat Zeit gewinnen wollen, ihm die Flucht zu ermöglichen. Und die Zeit ist längst verstrichen. Wagner dürfte über alle Berge sein."

„In der Altenburg jedenfalls ist er nicht. Das weiß ich", stellte Creutzer fest.

„Ihr seid also doch nicht untätig geblieben in dieser Sache!" argwöhnte Watzdorf.

„Tätig war ich nicht. Ich war aber auch nicht blind. Die Augen habe ich schon offen gehalten. Im Rahmen der Routine."

„Das ist es, Creutzer. Im Rahmen der Routine werden wir den Fall Wagner behandeln. Kopien des Steckbriefes an die Gendarmerie. Besonders in der Eisenacher Region geben wir Hinweise für die Fahndung. Sonderaufträge unterlassen wir."

„Gut, sollte er so dumm sein, in unser gewöhnliches Spinnennetz zu tappen, ist er selber schuld."

„Aber setzen wir den Fall – er tappte wirklich – was machen wir dann?"

Für Creutzer gab es da keinen Zweifel: „Im Rahmen der Routine – rin in die Kutsche und ab nach Dresden."

„Ohne Rückfrage im Schloss?"

„Ohne Rückfrage im Schloss! – Oder gab es eine diesbezügliche Order?"

„Nein, die gab es nicht. Aber Creutzer, wir können uns doch nicht herausreden, dass wir von dem besonderen Interesse der Herrschaften an dem Fall nichts gewusst hätten."

„Wir können annehmen, dass dieses Interesse mit der kommentarlosen Übergabe des Steckbriefes für erloschen erklärt wird."

„Das wird man uns nicht durchgehen lassen."
„Den Kopf wird man uns deswegen schon nicht abreißen."
„Das nicht. Aber ich sehe mich schon Geld aus unserer Schatulle auf den Tisch blättern, um einen Gefängniswärter zu bestechen, damit er den Wagner laufen lässt!
„Zunächst läuft weiter nichts als eine routinemäßige Fahndung nach einem flüchtigen Hochverräter."

ও

„In diesem gottverlassenen Nest Magdala sucht niemand nach Rebellen, da kannst du unbesorgt sein", beruhigte Wagner seine Frau, als sie endlich eingetroffen war.
„Ja, du bist vielleicht sicher hier. Aber was wird aus mir? In Dresden wenden sich alle ab. Niemand will mit der Frau eines gebrandmarkten Revoluzzers gesehen werden, allenfalls ein Gläubiger, der Forderungen eintreiben möchte. Ich kann keinem etwas geben. Die königliche Kasse hat alle Zahlungen eingestellt. Die Miete muss ich schuldig bleiben. Bald weiß ich nicht mehr, wovon ich das tägliche Brot bezahlen soll!"
Wagner konnte sich in die Lage seiner Frau hineinversetzen, sie tat ihm leid. Aber wie sollte er ihr helfen? Die Sorge um ihre Lage verdoppelte die um seine eigene. Er versuchte, ein wenig Trost zu spenden: „Liszt hat mir etwas Geld gegeben. Ich gebe dir die Hälfte davon. Ich gebe dir mehr als die Hälfte!"
„Ich danke dir. Aber es wird nicht lange reichen. Und was wird dann?"
„Ich werde Tantiemen bekommen für meine Opern, Honorare für Texte und Partituren. Ich werde inszenieren und dirigieren …"

„Nichts wirst du", fiel ihm Minna ins Wort, und mit einem Mal brach ihr ganzer Frust, ihre ganze Verbitterung aus ihr heraus: „Sie werden deine Werke von den Bühnen verbannen wie dich selbst. In ganz Deutschland werden die Theater- und Musikdirektoren den Kopf einziehen, wenn sie den Namen Wagner hören, genau wie die Verleger!"
Wagner versuchte, sich zu verteidigen: „Aber ich habe weder einen Schuss abgefeuert noch einen Stein gegen irgendjemand geworfen. Ich bin unschuldig!"
„Das glaubt dir kein Mensch."
„Aber es ist wahr!"
„Du hättest dem ganzen Treiben fernbleiben müssen, hättest deinen Dienst für die Musik am sächsischen Königshof korrekt versehen sollen, dann hätten wir unser schönes Einkommen, unsere behagliche Wohnung behalten, die Dresdner Herrschaft würde uns achten, und die Dresdner Bürger würden uns mit Respekt grüßen. Aber du konntest wieder einmal dem Rausch, dem Exzess nicht widerstehen! Damit hast du nicht nur dich, sondern auch mich in den Ruin gestürzt. Das kann ich dir nie verzeihen!"
Die Vorwürfe taten Richard Wagner weh. Er musste sich eingestehen, dass er während der revolutionären Vorgänge nie an seine Frau gedacht hatte. Er war ganz auf Attacken und Paraden, auf Zugang und Abgang bei Angreifern und Verteidigern, auf Gewinn und Verlust an Positionen, Menschen und Mitteln fixiert, auf kluges oder ungeschicktes Taktieren, freute sich über Erfolge der Revolutionäre und ärgerte sich über das Vorrücken der Preußen. Und wenn er erschöpft nach Hause kam, stand selbstverständlich eine wohlbereitete Mahlzeit bereit, ein kühles Bier oder ein schmackhafter Wein. Wenn es ihn dann nach einem erquickenden Schlummer wieder hinaustrieb, baute ihn ein kräftiger Kaffee wieder auf, lag frische Wäsche bereit und fehlten selbst die belegten Bemmen nicht, die ihn länger

durchhalten ließen auf seinen jeweiligen selbstgewählten Posten. Er hatte das alles als eine Selbstverständlichkeit hingenommen und nicht danach gefragt, was denkt, was fühlt der Mensch, der mir das alles an die Hand gibt. Ja, es ist richtig, es war wie ein Rausch. Ihre Vorwürfe waren berechtigt. Wagner bereute seine Rücksichtslosigkeit. Und doch war er enttäuscht. Er hatte Trost und Zuspruch nötig und hatte dies von ihr erhofft, ersehnt.

Er ging auf sie zu, nahm ihre Hand in der Hoffnung, Trost zu geben, mehr noch, Trost zu gewinnen. „Minna, wir werden alles bestehen, gemeinsam. Aber versuche nicht, mich zum Beamten zu machen. Lass mir mein Künstlerleben!"

Sie löste langsam ihre Hand, sah ihm in die Augen und sagte, leise klagend: „Und mach du mich nicht zur Bettlerin am Rinnstein."

Sie standen sich gegenüber, trostlos.

༚

Für heikle Probleme braucht man einen versöhnlichen Ort, hatte sich Maria Pawlowna gesagt, als sie Franz Liszt zu einer Kutschfahrt nach Kromsdorf abholte. Ihr Freund kannte dieses Schlösschen im Ilmtal noch nicht, das ihr besonders am Herzen lag. Es war ihr ein Bedürfnis, es auch ihm nahezubringen.

Dieser erste Sonnentag nach dem Regen war wie geschaffen für einen Ausflug ins Ilmtal. Es war warm, aber nicht heiß, der Staub war gebunden, die Luft frisch und wohltuend. Auch Liszt schien diese flotte Fahrt durch Wald und Flur, an Tiefurt vorbei, bis hinaus nach Kromsdorf, zu genießen.

Der Kutscher fuhr durch einen Torbogen in den Innenhof des Schlosses, dessen Fassade Spuren des Alters auf-

*Schloss Kromsdorf.*

*Skulptur von Wilhelm Ernst, Herzog zu Sachsen-Weimar, Schloss Kromsdorf.*

wies. Noch ehe der Kutscher vom Bock stieg, um die Tür zu öffnen, eilte ein schlanker Herr mittleren Alters wieselflink aus dem Schlossportal an das Gefährt, machte die Tür selbst auf und half der Fürstin galant heraus. Maria Pawlowna stellte den dienstbeflissenen Herrn ihrem Begleiter Franz Liszt vor: „Das ist Wolfgang Knappe, der gute Geist dieses verborgenen Schatzes Kromsdorf, den ich zu neuem Leben erwecken möchte."

Liszt schaute ein wenig skeptisch auf das an manchen Stellen ziemlich bröckelnde Gemäuer des Schlosses, das auch baulich keineswegs vollendet schien, dann blickte er hinein in einen ummauerten Garten, der auch noch pflegender Hände bedurfte.

„Sie zweifeln, dass Kromsdorf ein Schatz ist, Meister?"

„Nun, die schönsten Perlen stecken oft in unscheinbaren Muscheln."

„Schön gesagt, Liszt. Eine der schönsten Perlen. Das kann man wirklich sagen."

„Und woran erkenne ich die Schönheit der Perle?"

„Kommen Sie", sagte die Großfürstin, nahm ihn am Arm und führte ihn in den weiten Gartenraum. Aber weder auf besondere Bäume und Sträucher noch auf Blumen und Rabatten wies sie ihn hin, nein, auf die einfache, graue Steinmauer, die von außen betrachtet eher trist und abweisend erschien. Aber jetzt, von innen und aus der Nähe betrachtet, offenbarte sie etwas, das auch Liszt noch nirgendwo gesehen hatte, obwohl er weit herumgekommen war in der Welt. In regelmäßigen Abständen waren Nischen in die Mauer eingelassen, und in jeder dieser Nischen stand das steinerne Porträt einer historischen Persönlichkeit oder einer legendären Heldengestalt.

„Ah, da hat einer seinen geistigen Horizont in einem steinernen Fries markiert! Interessant! So etwas habe ich noch nie gesehen! Wer ist denn auf die Idee gekommen?"

„Alles, was bekannt ist, weiß unser lieber Knappe", stellte Maria Pawlowna fest.
Als habe es nur dieses Anstoßes bedurft, begann der Schlossverwalter, sein Wissen auszubreiten: „Das Renaissanceschloss hat Georg Albrecht von Kromsdorf auf einem alten Burgkomplex errichten lassen, im 16. Jahrhundert. Das Anwesen verschuldete, und aus einer Bankrottmasse gelangte es schließlich an Johann Theodor von Morteigne, der im Dreißigjährigen Krieg in schwedischen Diensten gestanden hatte. Der hat die Mauernischen anlegen und die Skulpturen in Auftrag geben lassen."
„Wieviel Nischen sind es?" wollte die Großfürstin wissen.
„Vierundsechzig", gab Knappe Auskunft.
„Sicher sind nicht alle Nischen zu Lebzeiten Morteignes bereits besetzt gewesen, sondern auch von Nachfolgern ergänzt worden, aber der Geisteshorizont reichte vom mythischen chinesischen Herrscher über römische Cäsaren wie Vespasian und Titus, über Montezuma von Mexiko, Tamerlan, die deutschen Kaiser Karl V. oder Ferdinand II., Damen aus Korea, der Türkei und Griechenland, bis hin zu Befehlshabern aus dem Dreißigjährigen Krieg wie Tilly, Gustav Adolf und Bernhard von Weimar."
„Sehr respektabel für einen Militär, die Welt ins Dorf zu holen", anerkannte Liszt die Leistung.
„Noch dazu eine so weite Welt!" ergänzte Maria Pawlowna.
„Allerdings hat die Galerie anno 1806 durch Napoleons Truppen Schäden und Verluste hinnehmen müssen", erläuterte der Schlossverwalter und zeigte auf einige verwaiste Nischen. „Ich habe es genau aufgelistet."
„Wir werden alles ersetzen", versicherte die Großherzogin.
„Vielleicht wird man den Horizont auch erweitern müssen, eines Tages", merkte Liszt an.
„Um Künstler wie Goethe und Beethoven", gab die Landesherrin Beispiele.

„Oder um Wohltäterinnen wie Eure Hoheit", machte ihr Knappe eine Eloge. Ihr war das nicht angenehm, und sie lenkte ab: „Oder ein Genie wie Liszt!"
Das ging dem Komponisten wieder zu weit, und er erwiderte: „Wenn schon ein moderner Musikant, dann Wagner."
Es entstand ein Moment Stille. Dann sagte Maria Pawlowna: „Herr Knappe, ich wäre Ihnen sehr verbunden, wenn Sie für einen Tee sorgen könnten, den wir in einer Stunde trinken wollen, wenn ich mit dem Herrn Hofkapellmeister von einem Gang nach Tiefurt zurückkomme."
Der Schlossverwalter verneigte sich und ging. Maria Pawlowna spazierte mit Liszt durch den Wiesengrund in Richtung des Schlosses Tiefurt, das durch Anna Amalias Tafelrunde in Weimar berühmt geworden war. Maria Pawlowna schätzte dieses Anwesen sehr, scheute sich aber, selbst dort sesshaft zu werden. Es sollte ein für alle Mal mit dem Namen Anna Amalia verbunden bleiben. Sie wollte sich lieber in Kromsdorf ein neues Refugium schaffen, mit dem ihr Name einst einmal verknüpft werden könnte.
„Ist Ihr Freund weg?" fragte sie.
„Noch nicht."
„Noch nicht?"
„Er wollte sich unbedingt noch von seiner Frau verabschieden."
„Das ist sehr leichtsinnig. Ich habe ihm nur einen Vorsprung auf seiner Flucht verschaffen können, nicht ohne Bedenken, wie Ihr wisst, Liszt! Wenn er den aufs Spiel setzt, dann kann auch ich nicht weiterhelfen."
„Wenn es um Frauen geht, setzt bei Männern oft die Vernunft aus, zumal bei Künstlern!"
„Jetzt können wir nur hoffen, dass unsere Staatsbeamten nicht allzu gründlich recherchieren."
„Vielleicht denken sie ja, er ist längst über alle Berge und unternehmen nichts."

„Es würde mich außerordentlich betrüben, meinem lieben Liszt nicht wenigstens einen Hoffnungsschimmer lassen zu können, denn auch in der Scheidungsangelegenheit Sayn-Wittgenstein sieht es alles andere als aussichtsreich aus."
„Ihr Bruder weist das Scheidungsbegehren zurück?"
„Nicht nur das. Er verlangt die Rückkehr Ihrer Freundin zu ihrem Mann."
„Dann geh'n wir sofort nach Paris!" reagierte Liszt energisch.
„Das braucht Ihr nicht. Das dürft Ihr nicht – um meinetwillen nicht!"
„Dann muss Carolyne den Papst um die Auflösung ihrer Ehe ersuchen. Zugegeben – das ist der schwerere Weg."
„Sie müssen Geduld haben, Liszt."
„Große Geduld und eine kleine Hoffnung – das ist kein schönes Gefühl."
„Aber in einem Schloss leichter zu ertragen als in einem Kerker!"
„Abwarten und Tee trinken. Gut, gehen wir ins Schloss."

༺

„Jetzt kann ich weg."
„Jetzt musst du weg!" bekräftigte Franz Liszt den sehnlich erwarteten Satz seines Freundes Richard Wagner, als er ihn in seinem Magdalaer Quartier abholte, um mit ihm nach Jena zu kutschieren.
„Ich hätte mir das alles sparen können!"
„Damit hättest du uns allen eine Last von der Seele genommen."
„Diese Frau macht mich krank! Liebe, Zuspruch, Trost hätte ich gebraucht. Was habe ich bekommen? Vorwürfe!"
„Es ist auch für sie nicht leicht."

„Es ist zum Verzweifeln!"
„Du musst Geduld haben. Es wird sicher einige Zeit dauern, bis der Zorn auf die Revoluzzer abebbt, und man zu einer gerechten Beurteilung deiner Verhältnisse und deiner ganzen Persönlichkeit gelangt."
„Ach, ich weiß doch selbst nicht mehr, wer und was ich bin. Du quälst dich ab, mir zu helfen. Aber ist mir denn überhaupt noch zu helfen? Nachts kann ich nicht schlafen. Müde und elend steige ich aus dem Bett, gehe in einen Tag, der mir nicht eine Freude bringt. So kann das nicht fortgehen! Ich mag ein solches Leben nicht führen! – Entschuldige, wenn ich meinen Schmerz so ins Blaue hinein schreie. Du hast das Unglück, mir gar so nahe zu stehen. Deshalb hörst du alles, was ich jammere und stöhne. Sei mir nicht böse!"
Liszt war froh über diesen Gedankenstrich in Wagners Selbstzerknirschung. Eine Weile hörte man nur das Klappern der Pferdehufe. Dann sagte Liszt mit ruhiger Stimme: „Mir kannst du alles vorjammern und vorwerfen. Aber gehe behutsam mit jenen um, die dir den Weg des Erfolges und des Ruhmes ebnen, aber auch versperren können. Seit den Dresdner Ereignissen ist dein Name im offiziellen Deutschland verpönt. Meide künftig alle politischen Allgemeinplätze, den sozialistischen Galimathias und alle persönlichen Zänkereien, die einen zu unbedachten Äußerungen hinreißen können. Arbeite statt dessen mit gutem Mut und kräftiger Geduld an deinen Versen und Melodien. Lass endlich die Meistersinger und die Nibelungen auferstehen, von denen du mir erzählt hast! Es wird dir nicht schwer fallen, das herauszuschleudern. In deinem Kopf rumort ein Vulkan! Damit wird sich dein Genie die Bahn auf die Bühnen Europas brechen! Und ich werde dir helfen, auch meine Gönnerin wird dich fördern, still, diskret. Anders kann sie nicht."

Wagner war bei dieser gemessenen Ansprache ruhiger geworden. Seine Bewegungen waren nicht mehr so fahrig wie vorher, sein Blick ging nicht mehr unstet hin und her, er schaute hinaus in die Landschaft. Die Fahrt ging diesmal einen Talgrund hinab, an einem Bach entlang, der hin zur Saale strebte, an dem Bäume und Büsche standen, wo herrliche Blüten aufleuchteten im Wiesengrund. Ein ähnliches Tal war er vor etlichen Tagen hinaufgefahren, Rettung erwartend. Und nun fuhr er wieder herunter, noch immer auf Rettung hoffend. Aber in seinem Geiste begannen sich ganz allmählich Einsichten heraus zu kristallisieren. Wie unfertig sie auch waren, Franz Liszt konnte er sagen, was ihm durch den Kopf ging: „Ich habe jetzt begriffen: Die großen Männer der Revolution sind groß im Zerstören des Bestehenden. Wenn ihnen aber die Macht in die Hände fällt, wissen sie nicht, was sie damit anfangen sollen. Das war bei Bakunin in Dresden nicht anders als bei Robespierre in Paris. Robespierre verdeckte den Mangel eines hohen Zwecks mit Terror. Bakunin dachte, man müsse nur eine herrschaftliche Brache herbeiführen, dann werde schon irgend etwas darauf anfliegen und wachsen. Mein Bedarf an derartigen Experimenten ist gedeckt. Ich werde das Feld der Kunst nie mehr verlassen, auch nicht, um etwas für die Kunst herbeizuholen. Gebranntes Kind scheut das Feuer! – Ich muss die Verbannung auf mich nehmen. Ich muss den Bußgang antreten. Es tröstet mich, dass du mich verstehst und mir beistehst! So falle ich nicht in eine tödliche Einsamkeit, die alle Schöpferkraft lähmt."

Mit diesen Worten fasste er Liszts Hand und drückte sie fest.

„Bloß keine reuige Selbstzerfleischung!" sagte der. „Mach dich an deinen Siegfried. Kraft und Genie hast du mehr als genug. Verliere nur nicht die Geduld. Dann sehen wir dich bald wieder in Deutschland. Germanien ist dein Eigentum, und du bist sein Ruhm. Nur weiß das noch keiner."

„Ein großes Werk als Rettung aus dem Unglück. Ob das gut geht?"
„Es muss, weil es nicht anders möglich ist. Mit neuen, Aufsehen erregenden Werken wird es gelingen, einen Künstler deines Gepräges wieder hoffähig zu machen. Und das will ich!"

ಐ

Die Rettungsstelle lag in Jena.
Der Professor für neuere Sprachen, Wolff, bewohnte in der Saalestadt das Haus, in dem einst der Philosoph Hegel logiert hatte. Es grenzte unmittelbar an die ehemalige Herberge der Romantiker August Wilhelm und Friedrich Schlegel. Wolff war mit dem Hamburger Handelshaus Salomon Heine eng verbunden und hatte auch Kontakt zu dessen Neffen Heinrich Heine in Paris. Vielleicht war das für Franz Liszt ausschlaggebend, diesen Literaturbeflissenen zu gewinnen, Wagners Flucht zu planen und zu bahnen.
Bevor Wolff in Jena Professor wurde, war er unter anderem als Improvisationskünstler durch die Welt getingelt. Er beherrschte mehrere Sprachen, verstand sich gut mit Sabinin in Weimar. Die Berufung Wolffs nach Jena war die letzte Amtshandlung des weimarischen Staatsministers Johann Wolfgang von Goethe gewesen. Wolff hatte während seines Berliner Studiums die Linkshegelianer, auch Bakunin und den jungen Karl Marx kennen gelernt; Letzterem hatte er sogar zur Promotion in Jena bei seinem Philosophen-Kollegen Fries verholfen. Er hatte also keine Skrupel, einem verfolgten Dresdner Revoluzzer Fluchthilfe zu leisten. Im Gegenteil! Liszt kannte ihn und vertraute ihm, und Wagner wurde mit einem freundlichen Händedruck in die Gelehrtenstube gebeten.
„Wenn ich Creutzer oder Watzdorf wäre, würde ich mein

Fangnetz nach dem Westen hin hängen", räsonierte er. „Da dürfen wir nicht hineintappen. Der Osten kommt nicht in Betracht wegen Sachsen, der Norden verbietet sich wegen Preußen. Bleibt also der Süden."

„Und wie soll sie vor sich gehen, die Reise nach dem Süden?" wollte Liszt wissen.

„Am besten mit der ordinären Post", erwiderte Wolff.

„Da kann ich gleich den Gefangenenwagen nach Dresden besteigen!" protestierte Wagner.

„Wenn Ihr als Dresdner Hofkapellmeister die Postkutsche besteigen würdet, gewiss."

Wolff stand auf, ging an seinen polierten Schreibsekretär, schloss ein Fach auf, holte einen Reisepass heraus und sagte: „Aber wenn ein Professor Widmann aus Tübingen ans Schwäbische Meer reist, wird niemand daran Anstoß nehmen. Der Kollege hat sich einen neuen Reisepass ausstellen lassen und kann seinen alten entbehren."

Liszt ließ sich den Pass geben, betrachtete ihn misstrauisch. Er stellte fest: „Das Alter kommt hin, die Angaben zur Person können durchgehen. Nur das Dokument ist vor ein paar Tagen abgelaufen."

„So genau wird das nicht genommen", beschwichtigte Wolff. „Allenfalls könnte ein sächselnder Schwabe Anstoß erregen. Aber das wäre mit längerem Aufenthalt in Jena zu bemänteln. In den südlichen Regionen kann ohnehin keiner das Thüringische vom Sächsischen unterscheiden. Für die Bayern sind das alles Sachsen, wenn nicht gar Preußen!"

Wolff hatte im Auftrage Liszts die Postpassage bis nach Lindau am Bodensee bezahlt und händigte Wagner die Papiere aus, gab ihm auch ein Blatt, auf dem die Fahrtroute und die Anschlüsse notiert waren. Liszt gab Wagner den Pass, der ihn seinerseits eingehend betrachtete und schließlich mit anderen Papieren einsteckte.

*Oskar Ludwig Bernhard Wolff, zeitgenössischer Stich.*

Ein dampfender, starker Kaffee und ein Stück Streuselkuchen war das Letzte, das Wagner im Großherzogtum Weimar genoss. Dann kam das Abschiednehmen und das Dankesagen, und es begann das große Abenteuer.

༄

Ich sehne den Tag herbei, an dem die Töne wieder ungestört in der Seele aufklingen, sich melodisch und rhythmisch zum Ganzen fügen, den Raum und die Zeit ausfüllen. Wenn Klanggebilde und Wortschöpfungen zueinander finden, sich vermählen, dann werde ich wieder froh und glücklich sein! Markante Gestalten – tätig und leidend – bedeutende Orte, eindrucksvolle und rührende Begebenheiten, schwebend in einem Reigen tanzender Noten. Siegfried, Lohengrin, Tristan. Ja, das ist Geist, das ist Leben, das ist Wagner. Das will ich! Das Glück des Schöpfungsaktes! Werde ich das je wieder erleben dürfen? Aber es war ja immer auch von der Angst begleitet, ob das, was aus der Phantasie hervorquillt, vom Becken des Gedächtnisses ganz und unbeschadet gefasst werden kann, ob nicht manches, ob nicht vielleicht das Beste überschwappt und in die Vergessenheit versinkt? Dann begann es immer, das hektische, besessene Schreibhandwerk, erst der Worte, dann der Noten, manchmal auch umgekehrt, wie es sich zudrängte, nur nichts verloren gehen lassen! Es fordert gewaltige Anstrengung, eine Ahnung und Vorstellung in ein Werk umzusetzen. Aber eine niedergeschriebene Oper – was ist das? Nichts!
Erst wenn die Noten von Musikern gespielt, wenn die Worte von Darstellern gesungen oder gesprochen werden, wenn die Geschehnisse auf der Bühne vollzogen, die Konflikte von handelnden Personen ausgetragen werden, vor realen

Kulissen, tritt ein Kunstwerk in Erscheinung, kann es von einem Publikum wahrgenommen werden.

Die Kunst des Opernkomponisten ist nichts ohne die Spielkultur der Orchester und die Gesangskultur der Darsteller, selbst die Bühnen-, Kostüm- und Maskenbildner können viel zum Glanz, aber auch zur Trübung der Inszenierung beitragen – und der Dirigent des Ganzen, der die Inszenierung prägt: Er kann alles erreichen, und er kann alles verderben! Ich kenne das aus eigener Erfahrung. Wie oft habe ich selbst durch die Zusammenstellung und Aufstellung meiner Kapellen das Publikum aufhorchen lassen. Der Dirigent Richard Wagner war begehrt. Die Menschen kamen, wenn er Beethoven, Mozart, Weber dirigierte – und natürlich Wagner! Das war einmal. Der Komponist. Der Dirigent. Vorbei. Jetzt gibt es nur den Dresdner Barrikadenkämpfer Richard Wagner. Steckbrieflich gesucht. Bedroht von Exekution oder Kerkerhaft. Begünstigt von der fürstlichen Gnade des Exils – als Hoffnung. Verdammt ins Hungerdasein nach Paris oder sonst wohin. Ich kenne das. Der Tod bei lebendigem Leibe! Eine mildere Todesart? Oder eine verschärfte?

Einsam rollte ein seelisch tief verletzter Mensch gen Süden. Er hatte das hügelige Frankenland hinter sich gelassen, hatte mit halb abwesendem Blick Vierzehnheiligen, Kloster Banz, den Staffelstein wahrgenommen. Er hatte nichts gespürt als seine Wunden. Weiter ging die Fahrt über Nürnberg, wo schattenhaft die Meistersinger durch seine Phantasie geisterten, wo Melodien aufklangen und schnell wieder verklangen. „Verachtet mir die Meister nicht und ehrt mir ihre Kunst!" Es war jetzt die Zeit nicht reif dafür. Über Ansbach ging's weiter hinunter bis nach Lindau am Bodensee. Die Fahrt durch fränkisches und bayerisches Gebiet verlief eintönig, ohne jede Aufregung. Wolff hatte recht, die südliche Route zu wählen. Aber je näher er dem

Bodenseehafen Lindau kam, desto besorgter wurde er. Würde er mit dem abgelaufenen Württemberger Pass des Professors Widmann, den er in Jena erhalten hatte, anstandslos von Lindau nach Rorschach hinüberschippern können? Im Bayerischen mochte ein sächselnder Schwabe nicht weiter auffallen und durchgehen. Aber in Lindau am Bodensee lag das schwäbische Idiom in der Luft, klang es in den Ohren, und es musste schon Schwabe sein, wer hier als Schwabe durchgehen wollte! Der fachliche Anklang fehlte wie der landsmännische. Wagner wusste nicht einmal, welches Fach der Professor Widmann vertrat, noch hätte er in irgendeiner akademischen Richtung repräsentieren können – außer der Musik. Aber das hätte eher verdächtig gemacht. Was er wusste, musste er verbergen!

Nun hatte er den äußersten südwestlichen Zipfel des Königreichs Bayern erreicht. Wagner sah die beiden mächtigen Molenflügel des Lindauer Bodenseehafens vor sich. Er schaute auf den Leuchtturm. Dort musste er passieren, dann war er in Sicherheit. Am Kai lag das Fährschiff. An seinem Heck wehte die Schweizer Flagge. Wenn er die Planken dieses Dampfers unter seinen Füßen spüren würde, war er in Sicherheit. Aber vor ihm lag die Grenzkontrolle und die Zollkontrolle. Ein Polizist forderte die Pässe ein. Er sprach ein unverkennbares Bayerisch, die Gefahr, sich mit der Mundart verdächtig zu machen, war also nicht mehr so groß.

Der Grenzer verschwand mit mehreren Pässen im Nebenraum. Was machte er dort? Suchte er Haare in der Suppe? Fand sich etwa eins in der des Professors Widmann? Jede Nachfrage müsste eine Unklarheit noch unklarer machen. Wenn man hinter Widmann gar Wagner entdeckte, einen flüchtigen Revolutionär, dann wäre alles aus. Dann saß er in der Falle! Er schaute sich vorsichtig um. Nein, hier gab es keinen Ausweg. Die Inselstadt Lindau erschien wie eine

Mausefalle. Ein einziger Ausweg wäre das Wasser, und das wäre der Tod wie bei den gefangenen Mäusen.

Minute um Minute verrann. Die anderen Reisenden saßen schläfrig, lethargisch herum, ergeben in ihr Schicksal. Sie hatten wohl auch nur an Onkel Franz und Tante Frieda zu denken, die drüben im schweizerischen Rorschach auf sie warteten. Aber er musste unentwegt daran denken: Komme ich hier raus? – Obwohl ihn drüben in Rorschach nichts und niemand erwartete. Nur in Dresden erwartete ihn etwas: Tod oder Kerker! Und dort saß seine Frau!

Endlich ging die Tür des Nebenraumes auf. Der Polizist kam herein in den Passagierraum. Er schien etwas zerstreut zu sein, schaute sich um, schaute auf die Pässe. Offenbar fand er nicht gleich heraus, welcher Pass zu wem gehörte. Er trat an Wagner heran, der ihm am nächsten saß und fragte ihn: „Welcher ist Ihr Pass?"

Wagner fiel ein Stein vom Herzen. Er zog den Pass des Professors Widmann wie das große Los aus den derben Händen des königlich-bayerischen Gendarmen, nahm sein leichtes Gepäck auf und stieg die Treppe hinauf auf das Schweizer Dampfboot. Oben nickte er leicht dem Leuchtturm auf der Lindauer Mole zu, atmete tief ein und dachte dankbar: Gerettet!

☙

Der Brief war eine Erlösung für Minna Wagner. Er kam aus Rorschach in der Schweiz, die Adresse auf dem Kuvert hatte ihr Mann geschrieben, kein Zweifel. Es war eine direkte Botschaft, keine zweideutige Übermittlung über Liszt und Hänel mehr. Richard war gerettet! Sie riss den Umschlag auf. Da stand es schwarz auf weiß: Ihr Mann war in der Schweiz. Der Brief war aber auch kompromittierend.

Sicher wussten die Dresdner Behörden nun, dass sie, seine Frau, mit ihm in Kontakt stand. Was sollte sie machen, wenn die Gendarmen wieder an ihre Tür klopften? Es herrschte in Dresden ein regelrechtes Jagdfieber auf Revolutionäre, die Kerker waren überfüllt mit Delinquenten. Man munkelte, dass vielen davon die Todesstrafe drohe. Über allen schwebte das Damoklesschwert der Verdächtigung. Jederzeit konnte mit dem Finger auf einen gezeigt werden. Und ein Brief mit einem RW als Absender auf der Rückseite konnte ein solcher Fingerzeig sein.

Als nächstes Ziel seiner Reise hat ihr Mann Zürich genannt, obwohl bei ihrem Besuch in Magdala von Paris die Rede gewesen war. Auch Liszt hatte ihrem Mann geraten, in die französische Hauptstadt zu gehen. Dort kannte er die Repräsentanten des Musiklebens, dort öffnete der Name Liszt viele Türen. Aber Richard war bei diesen Gesprächen immer sehr mürrisch gewesen. Gegen Meyerbeer, der dort eine dominierende Stellung einnahm, empfand er eine unüberwindliche Abneigung. Und umgekehrt war es genauso. Den Musiker Liszt schätzte man in Paris, den virtuosen Pianisten Liszt vergötterte man geradezu. Er musste Paris als erste Adresse für einen Musiker ansehen. Die Kompositionen Richard Wagners hingegen hatten es dort sehr schwer. Seine Opern führte man gar nicht erst auf, weil sie gegen die herkömmliche Manier verstießen und den maßgeblichen Herren zuwider waren. Vielleicht konnte Wagners deutscher Geist in Paris oder London nicht oder nur am Rande wirksam werden. Er gehörte nach Deutschland. Aber dahin war ihm nun der Zugang versperrt. Auch sie, Minna, seine Frau, fühlte sich in Dresden als eine unerwünschte Person. Sie würde nicht bleiben können. Sie war froh über diesen Brief, überbrückte er doch den Graben, der bei ihrem letzten Gespräch in Magdala aufgerissen worden war. Minna hatte ihrer seelischen Not freien Lauf gelassen, hatte ihm Vorwürfe gemacht und dabei zu wenig bedacht, dass er ja selbst in Nöten war, in ärgeren als sie. Ihr Verhalten hatte sie auf der Heimfahrt nach Dresden längst bereut. Dass er ihr jetzt geschrieben hatte, und wie er ihr geschrieben hatte, deutete an, dass er auch ihr den Zwist nicht nachtragen wollte. Falls er sie nach Paris rufen sollte, selbst nach Zürich, wohin er sich nun wandte, sie würde zu ihm gehen, wie fraglich seine und ihre Existenz dort auch immer sei. In Dresden gab es für sie beide keine Hoffnung. Das stand fest. Minna Wagner saß aufbruchbereit in der Elbestadt, von Zuwendungen zehrend, die von Richard Wagners Verwandten und von seinem Freunde Franz Liszt kamen. Ein peinlicher, unhaltbarer Zustand.

ঙ

Die Tür des geräumigen Kabinetts im Turmtrakt des Schlosses knarrte wie jede Woche, wenn sie der Erste Großherzogliche Minister hinter sich schloss, um hinüberzugehen in den Salon der Herrschaften, um Rapport zu geben über die laufenden Geschäfte.
Nein, er würde keinen Vorwurf aufklingen lassen gegen die Großherzogin, dass der Wagner entwischt war. Da hatte Creutzer Unrecht. Nachweisen konnte man ihr nichts, auch Liszt nicht. Da könnte man sich nur in die Nesseln setzen. Wenn Creutzer das in Kauf nehmen wollte, so war das nur seiner Eitelkeit geschuldet, dass er als Amtmann dumm dastehen würde. Er meinte, man müsse zum Ausdruck bringen, dass man das Spiel bemerkt und durchschaut habe, das in diesem Fall abgelaufen sei. Ja, aber doch nicht so, wie er sich das dachte, doch nicht mit Vorwürfen! Nein, das muss man anders angehen!

Wie immer schwenkte er die Aktenmappe in seiner linken Hand, als er in den Großherzoglichen Salon eintrat. Die Großfürstin war anwesend. Also war die Vorwurfsvariante schon überhaupt nicht opportun. Er nahm sich vor, die Sache so nebenbei, als untergeordneten Punkt, als Sonstiges zu erledigen. Gegen Ende der Audienz kam er endlich darauf zu sprechen: „Übrigens hat sich für uns die Fahndungssache nach dem Dresdner Hofkapellmeister Richard Wagner erledigt. Er ist uns entwischt. Ich bitte die Hoheiten, uns das nachzusehen."

Ja, das war die richtige Tonlage. Instinktiv hatte er sie gefunden. Er musste Nachsicht heischen für einen Misserfolg. Darin steckte Ironie. Und die Herrschaften empfanden das. Nur sie konnten das empfinden! Der Großherzog warf seiner Gattin einen kurzen Blick zu. Die saß mit unbewegter Miene da, ganz Hoheit, ganz Romanow. Ihr Äußeres verdeckte ihr Empfinden wie eine Jalousie. Das lernte man nur an einem Kaiserhof.

„Wir machen Euch keinen Vorwurf, Watzdorf."

„Vielleicht hätten wir schärfer durchgreifen müssen, vielleicht hätten wir auch nach Helfern Ausschau halten müssen?"

Der Großherzog blickte erneut kurz zu Maria Pawlowna hinüber. Die saß noch immer da wie ein Obelisk, mit versteinerter Miene. Dann erwiderte er seinem Minister: „Ihr habt getan, was Ihr konntet. Dafür danken wir Euch."

Und nun kribbelte es Watzdorf doch in den Fingern. Er hatte es eigentlich nicht ansprechen wollen, sondern war sich mit Creutzer einig gewesen, Wagner von der Weimarer Bühne zu entfernen, indem man seine Werke einfach nicht mehr spielte. Aber die Unnahbarkeit der Großfürstin reizte und provozierte ihn und so fuhr es ihm, gegen seine Vorsätze, heraus: „Eines bleibt noch zu tun!"

„Was?" fragte der Großherzog.

# Hof-Theater.
Weimar, Freitag den 16. Februar 1849.

## Fest-Prolog,
gesprochen von Herrn Liedtcke.

---

Hierauf:
**Bei aufgehobenem Abonnement:**
Zum Erstenmale:

# Tannhäuser
und
# der Sängerkrieg auf Wartburg.
Große romantische Oper in drei Akten, von Richard Wagner.

| | | |
|---|---|---|
| Herrmann, Landgraf in Thüringen, | . . . . | Hr. Höfer. |
| Tannhäuser, | | Hr. Milde. |
| Wolfram von Eschinbach, | | |
| Walther von der Vogelweide, | Ritter und | Hr. Schneider. |
| Biterolf, | Sänger, | Hr. Schulz II. |
| Heinrich der Schreiber, | | Hr. Fuhrmann. |
| Reimar von Zweter, | | Hr. Weiß. |
| Elisabeth, Nichte des Landgrafen, | . . . . | Frl. Agthe. |
| Venus, . . . . . . . . . . . . . . . . | | Frl. Haller. |
| Ein Hirt . . . . . . . . . . . . . . . | | Fr. Baum. |

Thüringische Ritter, Grafen und Edelleute.
Edelfrauen.
Edelknaben.
Aeltere und jüngere Pilger.
Sirenen. Najaden. Nymfen. Bachantinen.

Ort der Handlung: Thüringen. Wartburg.
Im Anfang des dreizehnten Jahrhunderts.

\*,\* **Hr. Tichatscheck, Königlich Sächsischer Kammersänger
— Tannhäuser — als Gast.**

---

Neue Dekoration des ersten Aktes von Hrn. Holdermann.

Die Gesänge sind an der Kasse für 3 Sgr. zu haben.

Die Preise der Plätze sind bekannt.

**Anfang halb 7 Uhr.    Ende gegen 10 Uhr.**

Die Billets gelten nur am Tage der Vorstellung, wo sie gelöst worden.
Der Zutritt auf die Bühne, bei den Proben wie bei den Vorstellungen,
ist nicht gestattet.

**Das Theater wird um 5 Uhr geöffnet.**

Militär-Billets zu halben Preisen werden zu dieser Vorstellung
nicht abgegeben.

Die freien Entréen sind erst halb 7 Uhr gültig.

Krank: Hr. Götze.

# Hof-Theater.

**Weimar, Mittwoch den 28. August 1850.**

## Zur Goethe-Feier:

## Prolog

von Franz Dingelstedt, gesprochen von Herrn Jaffé.

---

Hierauf:
Zum Erstenmale:

# Lohengrin.

**Romantische Oper in drei Akten,**
(letzter Akt in zwei Abtheilungen)
**von Richard Wagner.**

| | |
|---|---|
| Heinrich der Finkler, deutscher König, | Herr Höfer. |
| Lohengrin, | Herr Beck. |
| Elsa von Brabant, | Fräulein Agthe. |
| Herzog Gottfried, ihr Bruder, | Frau Hettstedt. |
| Friedrich von Telramund, brabantischer Graf, | Herr Milde. |
| Ortrud, seine Gemahlin, | Fräulein Faßlinger. |
| Der Heerrufer des Königs, | Herr Pätsch. |

Sächsische und Thüringische Grafen und Edle.
Brabantische Grafen und Edle.
Edelfrauen.
Edelknaben.
Mannen. Frauen. Knechte.

Antwerpen; erste Hälfte des zehnten Jahrhunderts.

---

Die Textbücher sind an der Kasse für 5 Sgr. zu haben.

### Preise der Plätze:

| | | | | | | |
|---|---|---|---|---|---|---|
| Fremden-Loge | 1 Thlr. | 10 Sgr. | — Pf. | Parterre-Loge — Thlr. | 20 Sgr. | — Pf. |
| Balkon | 1 , | — , | — , | Parterre — , | 15 , | — , |
| Sperrsitze | 1 , | — , | — , | Gallerie-Loge — , | 10 , | — , |
| Parket | — , | 20 , | — , | Gallerie — , | 7 , | 6 , |

**Anfang um 6 Uhr.**      **Ende gegen 10 Uhr.**

Die Billets gelten nur am Tage der Vorstellung, wo sie gelöst worden.

Der Zutritt auf die Bühne, bei den Proben wie bei den Vorstellungen, ist nicht gestattet.

**Das Theater wird halb 5 Uhr geöffnet.**

Die freien Entréen sind ohne Ausnahme ungiltig.

„Wagner ist zwar weg, aber seine Oper ‚Tannhäuser' ist noch auf unserer Bühne."

Der Großherzog Carl Friedrich, der bis dahin lässig in seinem Sessel lehnte, straffte sich, setzte sich aufrecht, er wurde sichtlich nervös. Auch Maria Pawlowna zeigte zum ersten Mal eine Regung, kaum bemerkbar blitzte in ihren Augen Kampfbereitschaft auf, sie sah ihrem Mann in die Augen. Eine Pause trat ein.

Carl Friedrich war klar, dass ihm Watzdorf da ein heißes Eisen zugeworfen hatte. Er durfte das keinesfalls auffangen, wenn er sich die Finger nicht verbrennen wollte. Diese Frage zu stellen, noch dazu im Beisein seiner Gattin, das hätte er ihm ersparen müssen!

„Eine diffizile Angelegenheit, Watzdorf. Das müsst Ihr mit dem Theaterdirektor Ziegesar erörtern. Vor allem mit Liszt! Ich will keinen Ärger haben. Habt Ihr verstanden, Watzdorf? Keinen Ärger!"

Watzdorf wusste natürlich ganz genau, worum es seinem Herrn ging. Er wollte vor allem keinen Ärger mit seiner Frau.

Diese gab nun auch ihre vornehme Distanz und Zurückhaltung auf: „Ihr Engagement in allen Ehren, Watzdorf, wir wissen das zu würdigen. Aber eines bitte ich Sie zu bedenken: Der Staat braucht seine Räson, gewiss, aber die Kunst braucht ihre Toleranz! Und Weimars Zierde und Größe ist die Kunst. Und die soll der Stadt und dem Staat, so Gott will, auch erhalten bleiben! Dafür stehen wir ein."

Sie streckte ihrem Mann die Hand entgegen. Er nahm diese und drückte sie. „Ja, wir haben ein Herz für die Kunst." Unklarer kann eine Richtlinie nicht sein, resümierte Watzdorf und bereute zutiefst, dass er sich zu dieser Frage nach Wagners Werken auf deutschen Bühnen hat hinreißen lassen. Das hatte er nun davon. Einen sybillinischen Satz: Der Staat braucht seine Räson, die Kunst ihre Toleranz. Er wird ihn einfach Creutzer auf den Tisch packen und mit dieser Richtlinie entscheiden lassen, ob Wagner weiterhin in Weimar gespielt werden sollte oder nicht. Möge er sich doch in die Nesseln setzen!

∞

„Wo mein Flügel steht, bin ich zu Hause!" sagte Richard Wagner, als vier kräftige Möbelpacker sein altes, bitter entbehrtes Instrument in das neue Domizil in den Hinteren Escherhäusern am Zeltweg in Zürich hievten. Minna hatte ihn bei ihrem Umzug aus Dresden mitgebracht. Natürlich musste er überholt und neu gestimmt werden. Aber er war da! Auch das Hündchen Peps und der Papagei Papo waren wieder um ihn herum und natürlich Minna mit ihrer Schwester Nathalie, die in Wirklichkeit ihre außereheliche Tochter war.
Leider hatte Minna seine umfangreiche und auf seine geistigen Bedürfnisse orientierte Dresdner Bibliothek bei seinem Schwager Brockhaus in Leipzig deponiert. Minna trauerte noch immer dem Verlust ihrer Dresdner Reputation nach. Sie fühlte sich aus einem Paradies vertrieben. Zwischen ihr und ihm blieb das als ein ständiger Vorwurf stehen. Natürlich konnten die spärlichen Einnahmen aus publizistischer Betätigung, die er bis jetzt als einziges honoriert bekam, kaum ein Hungerdasein gestatten. Blieben Zuwendungen, blieb sein Freund Franz Liszt, von denen seine Existenz abhing.
Hilfe wurde Wagner aber auch von neuen Verehrern zuteil, wozu die hochrangigen Staatsschreiber Jakob Sulzer und Franz Hagenbuch zählten, die ihm nicht nur weinselige Abende, sondern vor allem auch neue, gültige Personalpapiere bescherten. Der Kampf gegen die sächsische Mon-

archie wog in der Schweizer Republik nicht schwer, wurde von Wagners Enthusiasten als lässliche Sünde angesehen, wenn nicht gar mit Sympathien.

Solange der Komponist ohne Flügel war, imponierte er als Literat. Nun aber, nachdem sein Musikinstrument wieder unter seinen Händen aufklingen konnte, war er wieder in seinem eigentlichen Element. Er begann, in Zürich allmählich aufzuleben. Sicher, die Schweiz war nicht Sachsen, Zürich war nicht Dresden. Aber er fühlte sich hier wohler als in Paris. Der deutsche Sprachgestus, wie wunderlich er auch anmutete, er war ihm vertraut. Französisch war ihm – im Unterschied zu seinem Freunde Liszt – eine Fremdsprache. Als Komponist war er in Zürich ein bestaunter Sonderling, eine einzigartige Erscheinung. In Paris fühlte er sich von Konkurrenten, die sich als Platzhirsche gerierten, an den Rand gedrängt, zum missliebigen Außenseiter abgestempelt. Aber seine Frau Minna konnte sich mit den Schweizern nicht recht anfreunden, sie drängte nach Paris, trotz der widrigen Erfahrungen, die beide in dieser Stadt schon einmal gemacht hatten. Aber damals stand Liszt ihnen nicht zur Seite, der diesmal Wagners Verdienste in einem einflussreichen Journal gewürdigt hatte, der seinen Agenten in Paris für Wagner einspannen wollte, dessen Name in der Stadt an der Seine Türen öffnen konnte.

Aber ob Zürich oder Paris – Wagner empfand das als eine fatale Wahl, weil die erste Wahl, ein beliebiger Ort in Deutschland, ausgeschlossen war. Für wie lange? Für immer?

Richard Wagner saß in einem behaglich eingerichteten Salon in seiner neuen Züricher Wohnung. Seine Frau hantierte in der Küche, sie bereitete Tee zu.

Er setzte sich an seinen Flügel, klappte ihn auf und begann zu phantasieren. „Lohengrin"-Melodien klangen an, er brach ab, klappte den Flügel wieder zu.

Ich hatte mir alles ganz anders vorgestellt! Aber nun muss ich froh sein, dass es so gekommen ist. Ich hätte auch wie Röckel und Bakunin im Dresdner Kerker landen können, wie sie zum Tode verurteilt. – Ich musste und ich konnte Deutschland verlassen. Aber die neue deutsche Musik spielt wieder! Auch wenn sie außerhalb Deutschlands aufklingt. Und ich habe einen Statthalter in Deutschland. Franz Liszt! Ich habe auch eine Adresse in Deutschland. Weimar! Es hätte alles viel schlimmer kommen können.

Mit Behagen sah er den Dampf aus den Tassen aufsteigen, nachdem seine Frau das aromatische Getränk eingegossen hatte. Er sagte sich: Abwarten und Tee trinken. Es besteht Hoffnung. Dank einer Großfürstin!

In seinem Kopf begannen sich die „Lohengrin"-Motive zu einem Ganzen zu fügen. Und er sah das Spiel der Oper auf einer Bühne. In Weimar. Er hatte wieder Visionen!

☙

*Richard Wagner in den Schweizer Jahren,
Fotografie von Jules Bonnet, Luzern.*

Bildnachweise

Stiftung Weimarer Klassik S. 15, 17, 19, 21, 27, 35, 59, 109
Verlagsarchiv S. 8, 10, 103, 104
Maria Pawlowna Begegnungsstätte S. 85, 86